推しの公園を育てる!

公園ボランティアで楽しむ地域の庭づくり

椛田里佳・跡部徹
一般社団法人みんなの公園愛護会

学芸出版社

もくじ

PROLOGUE

あなたのまちに「推しの公園」はありますか？

こんにちは、みんなの公園愛護会の椛田里佳です。私は近所の小さな公園で友人と一緒に公園ボランティア活動をしています。きっかけは、いつも仲間と遊んでいた公園が荒れ始めたこと。そこは児童館のようなレトロな施設が隣接した公園で、赤ちゃん連れの親子から、幼児・小学生・中学生といろいろな人が日々集っている場所でした。子どもたちも、お兄さんやお姉さんたちの遊びを隣で見ては、卓球や将棋遊びを知り、虫取りに喜び、大きな子たちも小さな子がいると自然と配慮する、優しい空間でした。外で遊び、室内で遊び、子どもを見守り合い、みんな自由でした。その雰囲気は、子どもだけでなく、大人である私にも多くの楽しみと学びをもたらしてくれていました。

そんなお気に入りの場所でしたが、ある日、耐震性を理由に、施設の閉鎖が決定。公園は残りましたが、毎日いた施設のスタッフがいなくなり、遊ぶ子どもも減ってくると、みるみるうちに公園が荒れていき、草が伸びすぎてジャングルのようになってしまいました。見かねた友人が「今度、公園の草取りをしようと思うんだよ」と話してくれました。誰もやらないなら、自分たちでやればいい。なるほど、その手がありました。日にちを決めて、いつも公園を使っているみんなで草むしりをしました。やってみると、お母さんたちだけでなく、子どもたちや、お父さんたちも大活躍。ジャングル化していた公園は、みるみるうちにスッキリして、雑草の森に隠れていた鉄棒やベンチも久しぶりに顔を出しました。何とも言えない達成感と、充実感、気持ち良い疲労感がありました。そこから、継続して活動するための支援が受けられる公園愛護会制度に登録し、活動を続けています。

地域の公園を守ってくれている人がいることは、子どもの頃から何となく知っていたものの、大人になって、いざ自分がやる側に回ってみると、とても学びが多く楽しいという発見がありました。

季節ごとに違った顔を見せる公園、落ち葉の落ち方や草の生い茂り具合もその年の天候によって全く変わってきます。よく見ると今まで見たこともない花が咲いていていたり、自分たちで掘り起こすところから花壇を作ってみると、大きな石がゴロゴロ出てきて、公園や地域の歴史に思いを馳せたり。まるで、公園の新たな遊び方を開拓しているかのような新鮮さがあります。

何年もかけて、じっくり緑を育てたり、花壇で癒しの景色を作ったり、草や落ち葉で自然の循環を作ったり、地域の人たちが楽しく集まる仕掛けを作ったり。

公園ボランティアは、新たな公園遊びの開拓と探求の活動だなと、やっていてつくづく思います。万人に開かれた地域の庭である公園で、仲間と一緒に、ゆるく楽しく、地域密着。体を動かしてスッキリ爽快、達成感と気持ち良さも味わえる活動です。

この本では、公園を楽しみ尽くすための公園ボランティアをテーマに、「推しの公園」を持つ楽しみや、公園を育てていく喜びについて、先人の事例を参考にしながら、紐解いていきます。

近所の公園を育てる4つの醍醐味

あなたが「公園」と言われて思い浮かべるのは、どんな場所ですか？　子どもの頃毎日のように遊んだ鉄棒やすべり台。友と語り合ったブランコ。お休みの日に散歩やピクニックをする広場。木陰が気持ち良いランニングコース。きっと皆さんそれぞれの中に、公園のイメージや思い出があることと思います。暮らしのそばにあり、子どもたちの日常の遊び場である公園は、大人たちにとっても都市の中の癒しの空間であり、遊び場であり、学びの場でもある、まさに地域みんなの庭。

公園は普通に遊んでも普通に楽しめますが、それだけじゃもったいない。サービスを受けるだけの利用者から、守り育てる側に一歩足を踏み入れてみると、世界は一気に広がります。

「推しの公園」を持つように公園を育てる醍醐味を、この本を通して知っていただけたら幸いです。

醍醐味①：目的を持って近所の人たちとおしゃべりしながら楽しくできる

ボランティアというと高尚なイメージで何だかハードルが高いという人もいるかもしれません。たしかに世の中にはいろいろなボランティア活動がありますが、公園ボランティアは、まちの庭である公園で遊び感覚で気軽にできるので、比較的カジュアルでとっつきやすい活動ではないでしょうか。さらに仲間と一緒になら楽しい時間に変わりやすいもの。そもそも公園は遊び場。公園での新たな遊び方を開拓する気持ちで、草木や落ち葉を使って面白いことを考えたり、土に触れて癒されたり、花を育てたりしながら、仲間と長い時間をかけて公園を育てていくのも、一興です。月1回など定期的に集まる場として、近所の人たちとおしゃべりしながら、心と身体の健康を保つ活動として楽しんでいる人たちも大勢います。

醍醐味②：カンタン作業で垣根が低い

公園ボランティアは、子どもたちも一緒にできる活動です。小さなゴミを見つける天才たち、草取りや落ち葉集めなど何でも楽しんでしまう遊びの天才たちは、いつでもどこでも大活躍。公園は出入口が限られているので、道路や水辺の清掃と比べても安全性が確保しやすく、複数の大人が見守りあいながら、小さな子連れの親も普段遊び慣れた公園で一緒に作業ができます。もちろん作業をせずに遊んでいることだってできます。

また、花壇など園芸の楽しみを公的な場所で、喜ばれながらできることも魅力の1つです。マンション住まいなどで庭がない人も庭しごとを楽しむことができますし、自宅に庭がある人も公園というパブリックペースでみんなとする庭しごとはまた違う喜びがあると言います。土に触れ、緑や花を育て、まちの庭を季節の花で彩ることで、自分も楽しく、感謝もされるという好循環。作業をしながらだと自然な会話も生まれ、ご近所さん同士の距離も近くなるようです。

公園ボランティア活動は、地域に昔から住んでいる人たちと、新しく引っ越してきた子育て世代がお互いを知り交流する機会としても有効のようです。ご近所さんが気軽に知り合う多世代交流の場としてはもちろん、元気なシニア世代の社会活動と健康維持の場として、地域の子どもたちと一緒に育てる遊び場として、花や緑が好きな人たちのサークル活動として、多くの人たちに親しまれています。

醍醐味③：赤ちゃんから80代まで多世代が参加、生涯を通じて楽しめる

横浜市港北区にある師岡打越《もろおかうちこし》第三公園では、30年続く公園愛護会を子育て世代にバトンタッチし、子どもからシニアまで多世代で楽しく公園ボランティア活動をしています。

一年草中心で植え替えとメンテナンスが大変だった大きな花壇を、多年草や宿根草、球根などを多用したナチュラリスティックガーデンにし、お手入れがラクで、季節の移り変わりの美しさも楽しめる花壇にリニューアル。楽しさが伝わるデザインのお知らせや、写真やイラストつきの活動報告を公園内に掲示したり、Facebookでオープンに活動を告知したりするなど、時代に合わせて運営方法も工夫をしながら、楽しんで活動されています。

寺田大地さん・有梨さんご夫妻は、地域とつながったきっかけが公園愛護会活動だったことを話してくださいました。「ご近所の方に今度ここの公園でお掃除があるの、楽しいからよかったらいらっしゃいと言われたのがきっかけでした。参加してみたら、汗かきながらしゃべりながらで楽しくて。最初に参加した時、みんなで集合写真を撮ったのですが、後日、当時の会長さんがそこに写っている人の名前を書いて持って来てくださって。そのおかげで、引っ越して早々にご近所さんの顔と名前が一致したので、とてもありがたかったですね」。

きれいな花壇を作りたいけど、みんな子育てに忙しいし共働きの家庭も多いので、あまり労力はかけられないよね、と若いメンバー同士で話していたところ、近所の園芸屋さんにローメンテナンスでも素敵に見える植栽のスタイルがあることを教えてもらい、これを公園に応用できないかと新しい花壇のプ

師岡打越第三公園の花壇「みんなのおにわ」。看板も手づくり

子どもたちも大活躍、協力しながら草取り作業

師岡打越第三公園愛護会と横浜市の職員の皆さん

家の近所に季節ごとに変化する素敵なお庭があったら楽しみが増えそうです

昔からある植物も活かしながら、ナチュラリスティックガーデンにリニューアル

ランを考えたそうです。それは、ナチュラリスティックガーデンと呼ばれる多年草や球根を使った花壇で、季節による変化や枯れゆく姿も楽しめるもの。寺田さんたちは、それまであったものをすべてゼロにして作り直すのではなく、前の会長さんにいろいろ話を聞きながら、すでにある植物の良いところは残して、特性に合わせて植物の配置を換えるように公園全体のプランを考え、相談し賛同を得ながら、花壇のリニューアルを進めたそうです。

「みんなで話し合えるのが楽しみになっています。植物の成長もあるけれど、誰かと楽しくおしゃべりしたり、子どもたちが遊んだりもできる自由な場であることがモチベーションにつながっていると思います」と話す有梨さん。平日在宅で仕事をしている人にとっても体を動かす貴重な機会になっているようです。「黙々と作業してもいいし、おしゃべりしてもいい、子どもは遊び走り回っていてもいい、そんな空間なので、気兼ねなく参加できていいですよね～」と気軽に参加できることに感謝されていました。

「公園を育てていく」という生涯を通じて楽しめる趣味を見つけたという寺田さんご夫妻。愛護会の活動が家族の行事になり、花壇や公園が共通の趣味になっているのでご近所の方とも話題が絶えないそうです。その影響か、子どもたちも花遊びに慣れて、今では花壇づくりの立派な戦力になっているとのことです。

醍醐味④：行政の公認をもらうとぐっと活動しやすくなる

このような「推しの公園」を育てる活動は、公園を管理する行政との協力関係があって初めて成り立ちます。まちの小さな公園は市区町村で設置・管理されていますが、住民が公園の維持管理に参画することを歓迎している自治体は多く、様々なボランティア制度が用意されています。公園ボランティアは、行政から公的に認められた存在。行政公認の「推しの公園」活動とも言えるでしょう。行政の公認をもらうことで、公園での活動が公式なものとなり、活動しやすさも、できることの幅もぐっと広がります。

多様な個性や経験を持ち寄って運営する、みんなの公園愛護会

いざ活動を始めると、知りたいことがどんどん出てきます。どんな道具が便利なのか、使い方や手入れの仕方、草取りの効果的な方法や時期、パブリックスペースであり家の庭ほど頻繁にお手入れもできない公園ならではの緑の管理方法、やればやるほど、聞きたいことが出てきます。全国でやっている人は大勢いるはずなのに、活動のヒントやノウハウのような情報は手に入りにくいのが現状です。そこで生まれたのが「みんなの公園愛護会」です。みんなの公園愛護会は、地域の公園を守り育てている公園ボランティアの人々を応援しサポートする非営利型一般社団法人。地域を超えて、公園ボランティアがつながり、知恵やノウハウを共有していくことで、地域の公園がより豊かに、いい感じになっていくことを願って、担い手の視点や感覚を持って調査や情報発信の活動をしています。

みんなの公園愛護会は、自らも公園愛護会を立ち上げ暮らしの中で小さな挑戦や実験を繰り返す椛田里佳と、100年以上続く老舗公園製品メーカーのコトブキをはじめ公園情報アプリ開発や遊具の点検

修繕などを行うパークグループの代表である深澤幸郎、公園の目の前に住みまちやオープンスペースを面白がる活動を多角的な視点で行う編集者の跡部徹を主要メンバーに活動。公園大好き元国土交通省職員の一言太郎も仲間に加わり、それぞれのメンバーがそれぞれの知見や経験を持ち寄って運営しています。その他にも各地の公園ボランティアの取材や、自分たちの公園での活動を紹介するレポーター仲間もいます。このような仲間たち、そして活動に共感し取材や調査に協力してくださった多くの皆さんのおかげで、この本を執筆することができています。

小さな公園こそ大きな可能性を秘めている

公園は誰もが自由に過ごすことができるオープンスペース。公園のベンチに座るとなんだかホッとするじゃないですか。シートを敷いてゴロンと寝転がって空を見上げてみるのもいいですね。そこに居ていいよと包まれるような温かい感覚になるのは、公園の力です。

最近はPark-PFI（公園に施設を設置して運営する民間事業者を公募により選定する制度。公募設置管理制度とも言う）などで大きな公園は民間企業の手やアイデアが入り、充実した維持管理システムの構築とともに面白い取り組みも増えていますが、身近にある小さな公園がその対象になることは少なく、注目されることもあまりありません。むしろ少子高齢化や自治体の予算縮小により、維持管理は後回しにされ、ほったらかしになってしまう恐れすらあります。しかし、各地に点在する小さな公園は、子どもたちの日常の遊び場であり、まちに緑や癒しをもたらす大切な存在。ウェルビーイングが注目される今、公園は人々が心身ともに健康的に暮らし、地域コミュニティを育むには最高の場所の1つだと私たちは考えます。

「PARK NEWS MAGAZINE」を発行。公園ボランティア実態調査の結果の他、活動のヒントになる情報を紹介

公園が気持ち良いみんなの居場所であり続けてきた背景には、地域の人々が長年公園を守り育ててきたことがあります。特に子どもたちの日常の遊び場である小さな公園は、地域の人々の協力なくしては成り立ってこなかったでしょうし、これからもそれは変わらないでしょう。小さな公園が豊かであり続けるために、公園を守り育てる活動を応援し、現代や未来に向けてのアップデートをサポートする目的で、私たちは2020年にみんなの公園愛護会を立ち上げました。

こだわり①：自治体の枠を超えて情報でつながる

一般社団法人みんなの公園愛護会の主な活用内容は、公園ボランティアに関するアンケート調査、取材活動、情報発信です。公園ボランティア実態調査は、公園を管理する自治体と公園ボランティアの担い手の両方を対象にアンケートを行ってきました。2020年は神奈川県下全33市町村への自治体調査と、8自治体内で活動する1175の公園ボランティア団体へ。翌2021年にはエリアを全国に広げ、公園のある全国47都道府県内の1346市区町村への自治体調査と、全国37自治体2292の公園ボランティア団体を対象に活動の概要調査を、2022年は公園ボランティア制度のある全国の310市区町への自治体調査と、全国36自治体2559の公園ボランティア団体を対象に、活

みんなの公園愛護会の主なメンバー。左から、高村南美、跡部徹、深澤幸郎、椛田里佳、一言太郎

動の工夫やノウハウとなる情報を集める調査を行いました。調査結果は、すべての内容をウェブサイトでレポートしている他、冊子にして配布したり、公園ボランティアの支援に役立ててもらうべく協力自治体や国土交通省へデータを提供してきました。

こだわり②：すべての活動をリスペクト

マクロの視点で見るアンケート調査と並行して、ミクロの視点で個別の活動の取材も行っています。どんな公園で、どんな人たちが、どんな活動をしているのか?、どんな工夫をしながら、どんな楽しみを持っているのか?など、皆さんの様子を見せてもらい「みんなの公園愛護活動」として記事にしてウェブで公開しています。取材活動は、地域による文化の違いや個性も感じられ、毎回とても学びの多い時間になっています。取材活動を通して感じることは、どの活動もそれぞれがとても素晴らしいということ。それぞれに歴史や思いがあり、内容や関わり方に優劣はありません。毎回リスペクトを持って、すべての活動が尊いという思いで話を聞き、できるだけその良さが伝わるように記事を書いています。

こだわり③：未来志向で仲間を増やすチームづくり

私たちは、民間の非営利型一般社団法人であり、行政の視点で何かを指導する立場でもなければ、公園ボランティアの担い手団体を束ねて上に立つ組織でもありません。公園ボランティア活動をする人はもちろん、その活動を支える人たちもまるごと、立場や地域を超えて、未来志向で横につながり、情報を共有していこうとしています。そのため、組織を大きくせず、有機的につながる仲間を各地に増やすというチームづくりをしています。

アンケート調査や取材活動で得た情報や知見をもとに、寄稿や講演をする機会をいただくことも増えてきました。今後はさらに多くの地域で、公園ボランティア活動に関わる仲間を増やしていきたいと考えています。

みんなの公園愛護会　代表　椛田里佳

1章 公園から始める！ まちの庭づくり

皆でやるから楽しく気持ちいい、
まちの庭の手入れ

手入れを楽しむ多様な人、多様な活動

暮らしの近くにある公園、子どもたちが遊び回る公園、お花見に人気の公園、スポーツの試合も行われる運動公園、大きな森林や水辺を守る自然公園など、日本には11万3828もの公園があります（国土交通省「都市公園データベース」より）。都市公園の他、児童遊園やちびっ子広場などの小さな遊び場もあります。その数は、神社（文化庁「宗教関連統計に関する資料集」より）や歯医者（厚生労働省「医療施設動態調査」より）よりも多く、コンビニのおよそ2倍にものぼります（一般社団法人日本フランチャイズチェーン協会より）。

公園は、子どもたちの遊び場であることはもちろん、子どもに限らず大人も含めて誰もが思い思いに過ごせる場所です。走ったり、歩いたり、おしゃべりしたり、のんびりしたり、スポーツをしたり、読書をしたり、ピクニックもいいですね。季節の自然を感じながら、リラックスできるまちの庭。いつでも、誰でも、受け入れてくれる懐の深さも公園の魅力の1つだと感じます。

また、2つとして同じ公園がないのも面白いところです。すごく雰囲気の良い公園もあれば、暗くどんよりした公園もあります。良い公園が家の近くにあると生活に彩りが増えますが、荒れた公園は防犯や安全の面でもできれば近寄りたくないと思ってしまう迷惑施設になる可能性もあります。その違いは一体どこにあるのでしょう？

近所の公園を20個くらい回ってみると、公園の雰囲気は、設備の新しさや日当たりなどとは関係なく、人の手が入っているか？、関わり続けている人がいるか？によって大きく異なっていることに気がつき

ます。伸び放題の草、放置されたゴミ、壊れたままのベンチ。遊びたいと思う子どももおらず、誰も使わないから、ますます寂しい空間になっていきます。しかし快適な公園には、たとえその場に人がいなくても、人の愛情や温かさが残っているようです。ゴミが落ちていたら拾う人がいて、草が伸びたら刈る人がいて、きれいな花を咲かせている人がいるから、公園が気持ち良く快適な状態であり続けることができるんですね。気持ちが良いから、子どもたちにも人気があって活気がある。行政の力だけではなく、まちの公園は「公園を良くしよう」と思い行動する人たちの手で守られているのです。

そんな地域の公園を守り育てる活動は、誰がやっているのでしょう？　答えは本当にいろいろです。自治会や町内会が主体となっている場合が多いですが、花好きのご近所さん、子ども会、学校、保育園、企業、障がい者施設、スポーツサークル、個人だったりグループだったり、いろいろな人がいろいろな活動をしています。しかも、楽しんでやっている人が多いので、楽しみ方とともにその一例をご紹介しましょう。

自治会 ≫ 防災にもつながる地域コミュニティ

松が丘第二公園（茅ヶ崎市）

神奈川県茅ヶ崎市にある松が丘第二公園。住宅地にある団地の中の公園です。パンダの遊具があることから、地元の人たちには「パンダ公園」として親しまれているとのこと。どこか懐かしい感じがするのは、1977年に建物とともに公園ができた時からほとんど変わらず、地元の人たちに愛され続けているからでしょうか。この公園でボランティア活動をしているのは、マンションの自治会の男性たちです。

元々、防災のためにも「お互い顔見知りになろう」ということで、2005年に自治会内にフラワークラブを立ち上げ花壇づくりを続けてきたところ、茅ヶ崎市でも公園愛護会制度がスタートするということで2015年の制度開始初年度から活動を開始。フラワークラブが女性中心のため、公園は男性中心で声をかけていったことを教えてくださったのは、代表の若林房雄さん。実際、公園は木の剪定など力の必要な作業もあり、ちょうど良いようです。

毎年1つずつ大きなテーマを決めて活動しているそうで、2021年は遊具のペンキ塗り。市役所としても初の試みだったそうですが、愛護会用にペンキを準備。用意されたペンキを塗っていくと見違えるほどきれいになっていく遊具たち。皆さん「こんなの初めてだよ～！」と言いながら、手際良く作業をされていました。ちなみに前年は、大きな木の剪定。その他にも自転車置き場の整備や、公園内の見通しを良くするための生垣の刈り込みなど、長年の経験や培った知識で、いろいろな活動を進めてきたそうです。

遊具やベンチ・あずまや・砂場の枠もペンキが塗られて生まれ変わったように

自転車置き場の看板も、愛護会活動の旗も、何でも自分たちで手づくり。自治会の防災イベントで使うという、カセットボンベで動く発電機もあり、道具もいろいろ揃っています。安全に子どもを遊ばせられるようになったと利用者から感謝され、幼児の利用も増えたそうです。

「みんなで集まってやってると、楽しいんだよね。外に出て、身体を動かして、みんなとしゃべって。仕事をリタイヤしてもなお、こうして楽しく社会活動に関われるっていうのは、嬉しいことだよ」と口々に話してくださった皆さん。メンバーのほとんどが、40年以上ここに住み、ともに年を重ねてきた人たち。忙しい仕事生活を終えた今、こうして楽しく参加できる場所を持ち、元気に活動されているのは、素晴らしいことです。

松が丘第二公園（茅ヶ崎市）基本情報

団体名
松が丘第二公園愛護会

面積
1300 m^2

基本的な活動日
毎月第2月曜日
（雨天の場合は火曜日）の
午前9:00〜11:00

いつもの活動参加人数
11人

活動内容
ゴミ拾い、除草、落ち葉かき、低木の管理、植物の水やり、施設の破損連絡、利用者へのマナー喚起、愛護会活動のPR、遊びの見守り

設立時期
2015年

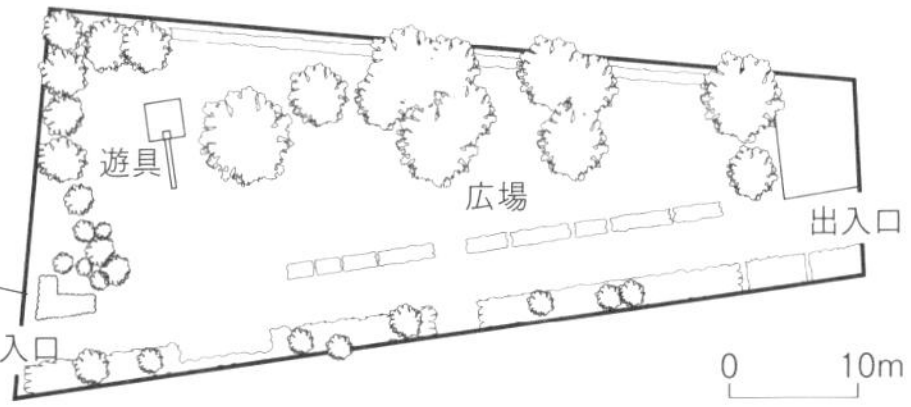

ご近所さん ≫

公園を利用する子育て世代で愛護会を新設

高谷下公園（藤沢市）

神奈川県藤沢市にある高谷下《たかやした》公園。藤沢と鎌倉の市境に近い住宅地にある街区公園です。園内は、遊具ゾーンと広場ゾーンの2つのブロックに分かれており、ブランコやすべり台、鉄棒、砂場、といったオーソドックスな遊具が並び、どことなく昭和の雰囲気が感じられます。こちらの公園でボランティア活動をされているのは、ご近所の子育てファミリーの皆さん。

「長男が生まれてから、8年くらい、ずっと公園で遊んでいるのですが、ベンチやフェンス・遊具などが他の公園に比べて傷んでいるのが気になっていて。公園は毎日のように使う所でもあるし、三男が生まれて、まだまだ公園にはお世話になる、これからも安心して遊ばせたいと思ったのが始まりです」と話してくださったのは代表の木村宏治さん。

基本的な活動は、公園の清掃と除草、落ち葉かきなど。加えて、公園に来る人たちの声を聞きながら、ラジオ体操や、かけっこ教室、体操教室、フリーマーケットなどのお楽しみ企画も続々と行っています。公園で見られる虫や植物の観察、破損して穴だらけになってしまっていたフェンスの編み直しや砂で埋もれていた砂場の枠の発掘など自分たちでできる公園メンテナンスも、子どもたちと一緒に楽しく実施。

また、公園をもっと楽しみ、地域の人たちといろいろな会話をしていきたいというのも、木村さんが公園愛護会を立ち上げた理由の1つです。地域の人たちへは、公園愛護会の活動内容や予定はもちろん、公園の成り立ちを含む周辺地域の歴史や、公園内にある様々な樹木の紹介、また公園で見られる花や実・虫についてなど、公園や地域をより深く楽しむための情報をホームページやLINEで発信しています。冬休みの宿題を一緒にやったり、大画面スクリーンでのゲーム大会をやったりというお誘いもあり、木村さんの人柄が垣間見えるメッセージも魅力です。ゴミ拾い中心の公園清掃はこまめにやる方が効果的だと考え、毎週土曜日の朝のラジオ体操やかけっこ教室など公園に人を集める活動を企画。「掃除というと集まりにくいけど、遊びに行って、掃除して帰る！ならみんなで楽しくできますからね」と話してくださいました。

毎回大勢の子どもたちが楽しく参加している

高谷下公園（藤沢市）基本情報

団体名
高谷下公園愛護会

面積
2440 m^2

基本的な活動日
毎週土曜日の午前7:00～8:00、日頃の公園利用時に見回りとゴミ拾い

いつもの活動参加人数
10～20人

活動内容
ゴミ拾い、除草、落ち葉かき、施設の破損連絡、愛護会活動のPR、新メンバーの募集や勧誘、子ども向けイベント

設立時期
2021年

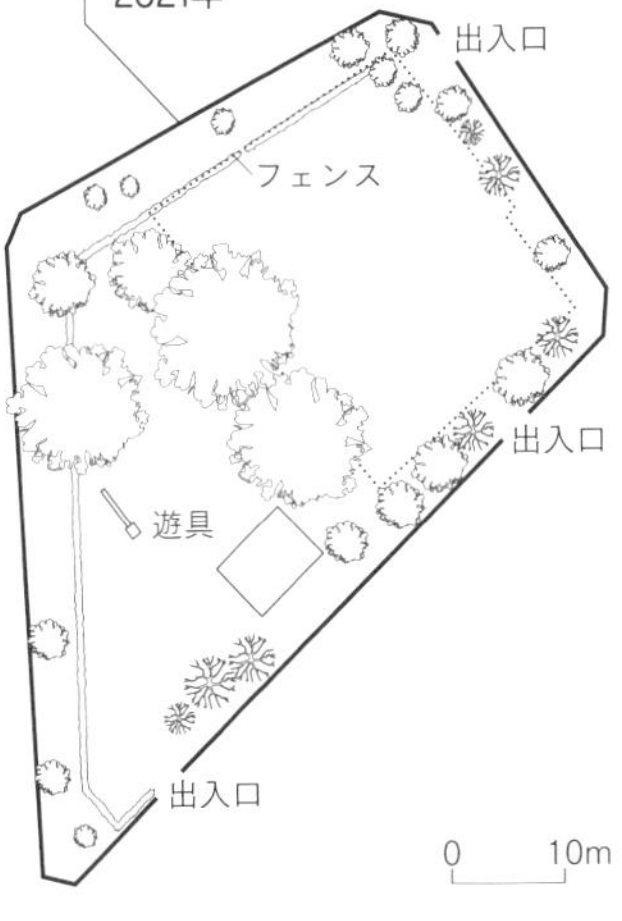

学校 ≫

高校生が地域とつながるボランティア

城ノ腰公園（伊勢原市）

神奈川県伊勢原市にある城ノ腰《じょうのこし》公園。住宅地にあり、多年齢向けの遊具ゾーンと、雨水調整池を兼ねた広場ゾーンのある、少し広めの街区公園です。こちらの公園ボランティアをしているのは、私立向上高等学校の生徒会「なおき会」を中心とした有志の皆さん。

基本的な活動は毎月1回。主に土曜の午後、公園掃除に加えて地域の子どもたちと一緒に遊ぶこと。地域の公園掃除は、気軽に参加できて楽しめるカジュアルな活動なので、高校生の初めてのボランティア活動の入口としても人気があるようです。

生徒会の主催でクラス掲示や全校集会で広く呼びかけ、担任を通して参加希望が届いたり、部活単位で参加したりと、毎回いろいろなメンバーが集まり一緒に活動することで、学年やクラスを超えた校内の交流にもなっているそうです。また、企画したハロウィンイベントに200人近くの地域の子どもたちが参加したり、公園清掃後に生徒50人で自治会主催の焼き芋会を手伝うなど、高校生と地域の人たちが楽しく交流する機会としても公園ボランティア活動は役立っています。

「ボランティアというと、難しくて堅苦しい高尚なものというイメージに陥りがちだけど、もっとリラックスして一歩を踏み出してみてほしい、そんな思いで、誰もが参加しやすい雰囲気を作っています」と担当教員の植原大樹さんは話してくださいました。

公園掃除＋地元の子どもたちと遊ぶボランティア活動。ハロウィンなどのミニイベントも楽しんでいる

城ノ腰公園（伊勢原市）基本情報

団体名

私立向上高等学校なおき会

面積

10233 m^2

基本的な活動日

毎月月末近くの土曜日の午後

いつもの活動参加人数

20〜30人

活動内容

ゴミ拾い、除草、落ち葉かき、地域のイベント、子ども向けイベント、他団体と連携したイベント、遊びの見守り

設立時期

2019年

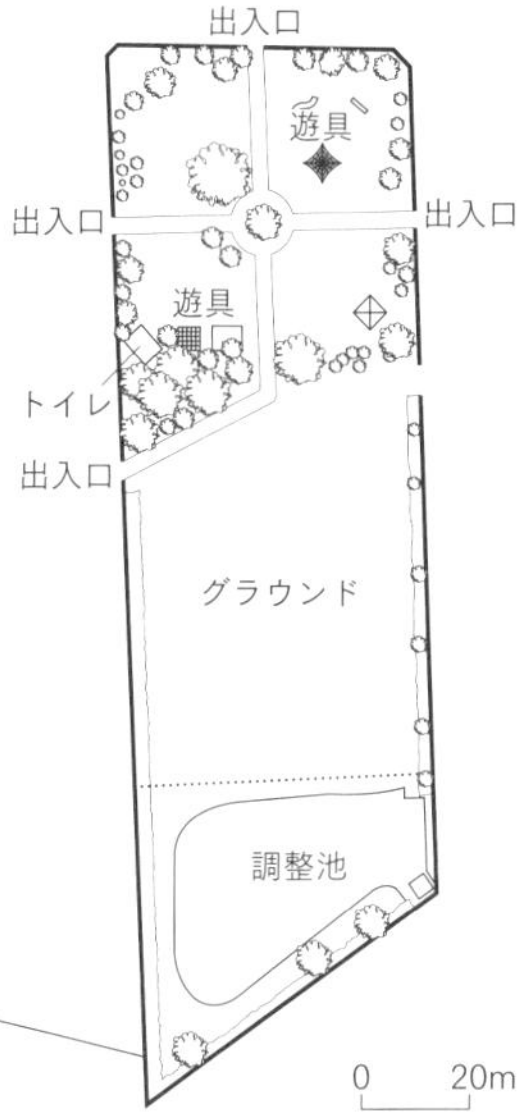

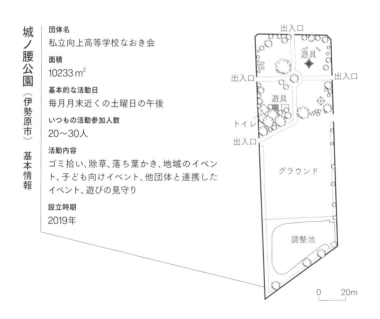

企業≫

昼休みにサクッと花壇のお世話。10年以上続く企業の公園ボランティア

宇喜田川公園（東京都江戸川区）

東京都江戸川区の宇喜田川《うきたがわ》公園は都営新宿線船堀駅から徒歩15分ほどの距離にある長細い公園。かつては川だったため、長細い形なんだそうです。こちらの公園で花壇とプランターの管理・手入れを行っているのは、公園の目の前にある第一三共株式会社葛西研究開発センターにお勤めの皆さんです。

会社のＳＤＧｓ活動の一環として取り組む地域の公園ボランティア。基本的な活動はお昼休みの10分間。花壇やプランターに植えた花の水やり・雑草取りを行っています。普段は特に公園と接点がないという社員の方も、お昼休みのちょっとしたリフレッシュとして気楽に参加されているそう。

毎回の参加を義務化しない、休み時間での短時間の活動、特別な持ち物や知識を必要としないなど、個人の負担を最小限にするための工夫で活動は10年以上継続。仲間を増やすために、社内ホームページを利用しての活動紹介もしています。多くの人が無理なく関われるよう、普段は3人のリーダーのグループ当番制で運営していますが、年2回の花の植え替えには全チームが集合し、やはりお昼休みの時間内で作業を終えられるそうです。花選びは3人のリーダーが担当。歴代リーダーたちの知恵を受け継ぎ、この土地に合った花を選んで植えています。

地域の方との接点を常日頃から持ち、お互いの理解を深めることを大切にされている皆さん。「近所の人に『いつもありがとう』と言われると嬉しいですね」と話してくださいました。

活動はお昼休みの10分間。個人に負担のかからない運営で気軽にできるのが長続きの秘訣

宇喜田川公園（東京都江戸川区）基本情報

団体名
第一三共株式会社葛西研究開発センター

面積
2073 m^2

基本的な活動日
随時（夏場週2〜3日、冬は月1回ほど）

いつもの活動参加人数
7〜8人

活動内容
花壇の管理

設立時期
2012年

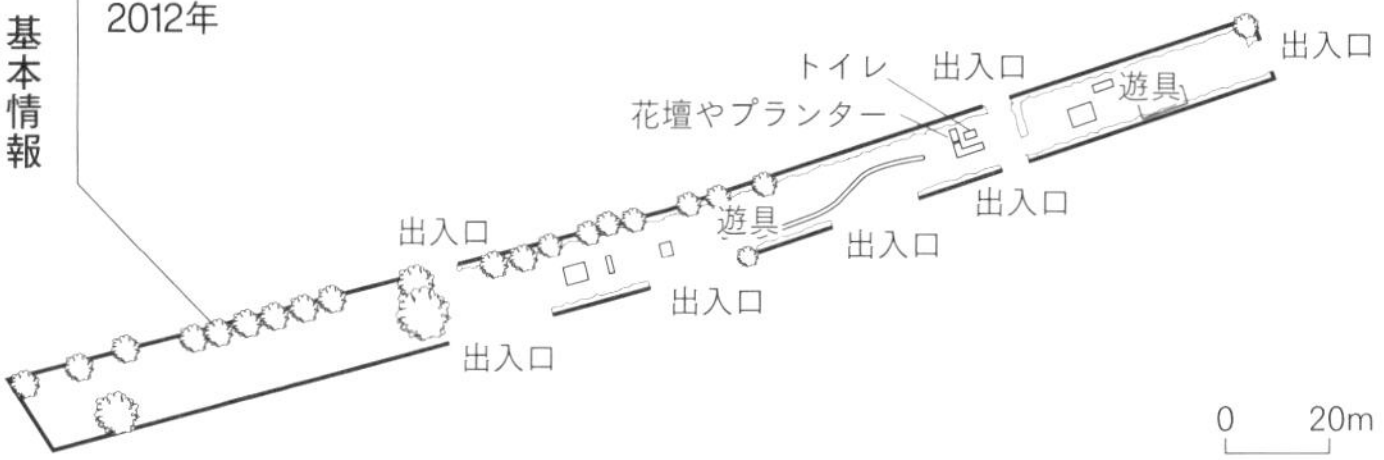

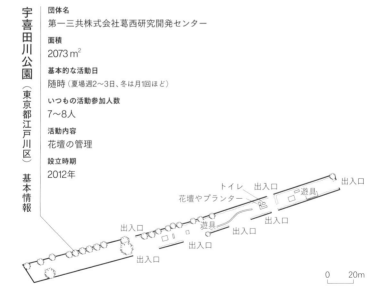

みんなの居場所、地域のはらっぱ
南長崎はらっぱ公園（東京都豊島区）
≫障がいのある人もそうでない人も一緒に

東京都豊島区にある南長崎はらっぱ公園。マンガの聖地トキワ荘にほど近いエリアにあり、豊島区と新宿区・中野区・練馬区の4区の区境にも近いため、区を越えて様々な人が利用する、人気の公園です。こちらの公園でボランティア活動をしているのは、南長崎はらっぱ公園を育てる会の皆さんです。

かつての区営プールを再整備して新しく生まれ変わった公園には、充実した防災設備の他、自然の生きものが育つビオトープも住民たちの手で整備されました。育てる会会長の廣田博さんは、ほぼ毎日のように公園を優しく見守り続けています。はらっぱ公園の魅力にひかれて、人が集まり、いろいろなイベントも生まれました。周辺の3つの町会合同の防災まちづくりの会に加えて、地域の社会福祉法人も長年地域の防災やまちづくりに一緒に取り組んでいます。

毎週水曜日の午前中は、就労継続支援B型の施設から、それぞれが公園に出向き、みんなでビオトープのザリガニ駆除や公園内の草取りをしているそう。回数を重ねるうちに、どんどん作業ができるようになったり、関わりが増えたり、公園への愛着も増しているようです。

たとえば自閉症の人は、小さなゴミを探して拾ったり、壁の落書きをきれいに消すといった、多くの人がすぐに飽きて嫌になってしまうような作業も、その作業自体にのめり込んで楽しく行うことができることをお聞きしました。

地元では「ポニーの来る公園」としても有名。定期的に馬と触れ合える場を作っている

「障がいのある人が、まちで当たり前に挨拶できるようになったらと思います。昔は障がいがあると本人も家族も生きづらかったものですから。毎週の清掃活動を通して、みんな力がついたなあと思います」と話してくださったのは社会福祉法人地球郷理事長の松本伸子さん。公園でのボランティア活動が、障がいのある皆さんの、社会との1つの接点や居場所として機能していることを教えていただきました。

南長崎はらっぱ公園（東京都豊島区）基本情報

団体名
南長崎はらっぱ公園を育てる会

面積
5734 m^2

基本的な活動日
毎週水曜日の午前10:00～11:00

いつもの活動参加人数
20～35人

活動内容
ゴミ拾い、除草、落ち葉かき、低木の管理、花壇の管理、施設の破損連絡、利用者へのマナー喚起、新メンバーの募集や勧誘、地域のイベント、子ども向けイベント、他団体と連携したイベント、池の管理

設立時期
2010年

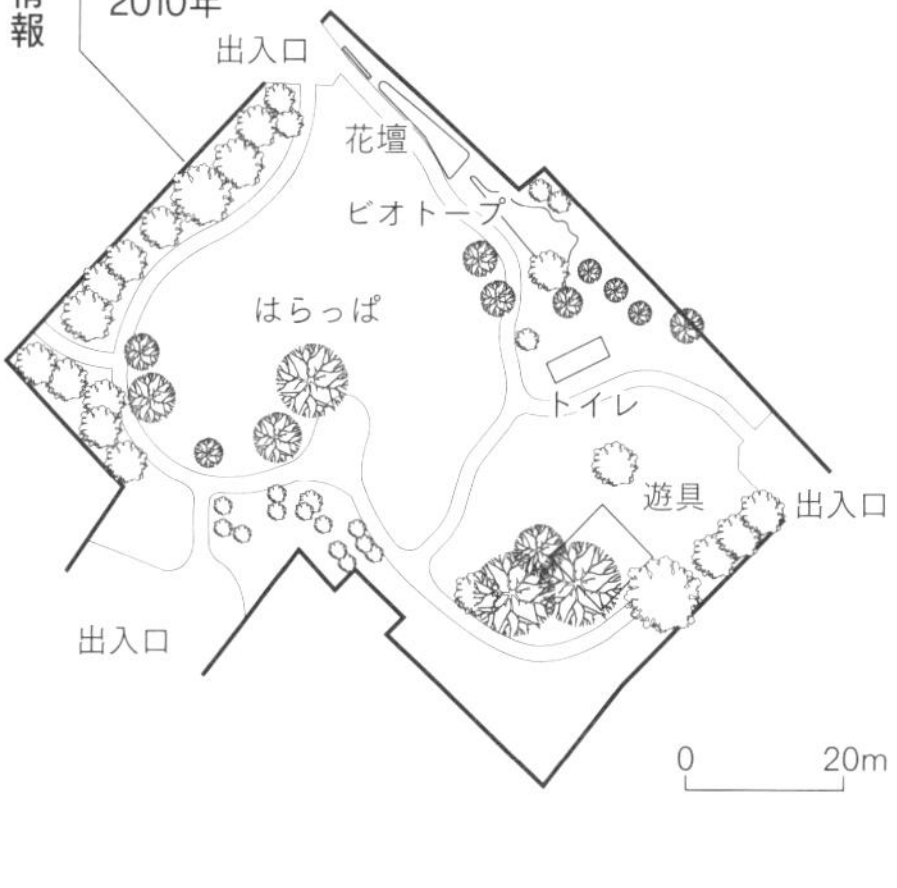

毎朝の活動で地域の笑顔を守る元刑事

山際公園（厚木市）

個人の日課として励む ≫

公園ボランティアの皆さんの中には、「毎日欠かさず公園掃除をしている」という方がいらっしゃいます。

神奈川県厚木市にある山際《やまぎわ》公園。40年ほど前のエリア一帯の宅地造成の際に計画的に作られた住宅地の中の街区公園です。こちらの公園で毎朝の清掃活動をされているのは、42年間神奈川県警で刑事のお仕事をされていた齋藤孝弘さんです。まだ暗くて寒い冬の朝も、雨の降る朝も、毎朝5時半から公園清掃をされているとのこと。

刑事時代は、数々の難事件を担当し、捜査や取り調べの日々。退職後は、大学で職員や学生の様々な相談に応じたり、保護司として法務大臣の任命を得て、刑務所から出所した人の社会復帰や更正を助ける仕事をされているとのこと。頼もしく優しいお人柄で、様々な場所で多くの役割を担っていらっしゃるようです。

公園掃除は自治会長になった時にスタート。毎朝散歩と筋トレを兼ねて公園を掃除。落ち葉を掃き、竹ボウキで波の模様を描くように公園全体をきれいに整えるそうです。シャワーと朝食を済ませたら、小学校の登校の見守り。子どもたちと挨拶運動をして、大学に出勤、という毎日だそうです。

毎朝の公園掃除で、ゴミ一つない、石ころも落ちていないきれいな公園になって、遊びに来る子ども

お餅つきなどのイベントや地域活動の中心となる公園を毎朝清掃する齋藤さん

たちが増加。大量の落ち葉が飛んでいくこともなくなり、近所の人たちにも喜ばれているとのことでした。

「目に入ったものは、できる限りやっています。まちのためにできることを、1つでもやれれば、人生良いかな。仕事も長年『世のため、人のために』と思ってやってきましたが、それはこれからもずっと変わりませんね」と話してくださいました。

山際公園（厚木市）基本情報

面積
760 m^2

基本的な活動日
毎朝5:30〜

活動内容
ゴミ拾い、除草、落ち葉かき、花壇の管理、植物の水やり、施設の破損連絡

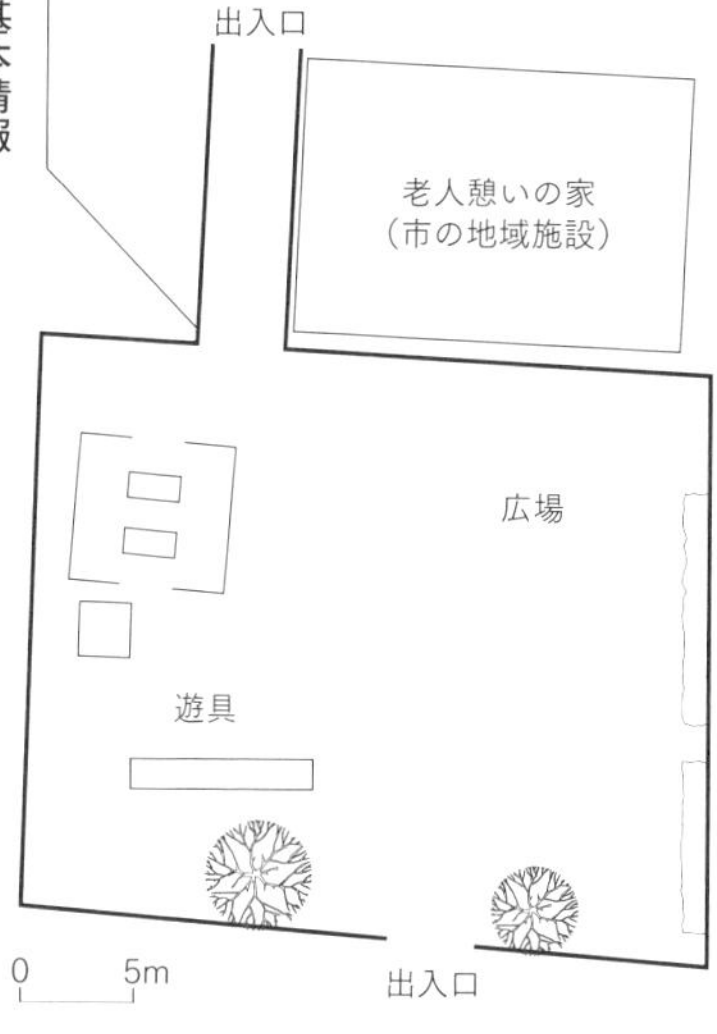

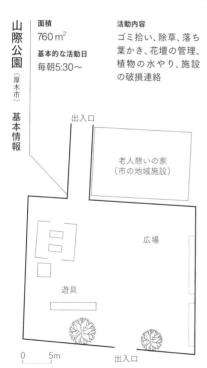

私の推し公園

「まちの景観づくり」を家族で楽しむ

寺田大地・有梨　会社員、師岡打越第三公園愛護会。愛護会運営を先代から引き継ぎ、ローメンテナンスでも四季折々の風景を楽しめるナチュラリスティックガーデンづくりに挑戦中。

横浜市港北区で、公園愛護会活動にどっぷりと浸かっている共働き子育てファミリーです。忙しそうなのに？若いのに？と疑問に思われる方もいるかもしれませんが、私たちは存分に楽しんでいます。

愛護会活動をしていて良かったなあと思うことは、大きく3つあります。

①ご近所が楽しくなる

6年ほど前にこのまちに引っ越してきて、ご近所の方にお誘いいただき愛護会活動に参加するようになりました。職場やこれまでの交友関係とは別の新しいコミュニティは新鮮でしたし、慣れない土地での子育ては悩みも多く、ご近所さんとのちょっとした会話に日々癒やされていました。

②家族イベント・地域イベントになる

月に一度の愛護会活動は我が家にとってはもはやレジャー。お金もかからず近場で半日楽しめる上に、いつも綺麗にしてくれてありがとうと感謝の言葉をいただくことも。子どもたちは大人のマネをしてせっせとホウキで落ち葉を集めたり、苗の植えつけも手慣れてきました。さらには植物の成長の観察や花がらを使った遊びなど、いいことづくしのイベントです。

③まちの景観づくりが家族の関心事になる

公園をさらに素敵にすることが家族共通の関心事になりました。どうすれば心震える美しい景観が作れるのか。どうしたら新しい人に参加してもらえるのか。いろいろな人の手を借りながらトライ&エラーを繰り返しました。学んだことを実践する場があるおかげで、花壇増設のために開墾したり、近所の保育園と球根ばらまきイベントを開催したり。他にも土中環境改善や生物多様性確保など、まだまだやりたいことはたくさんあります。

小さな公園ではありますが、自分たちの手で長い年月をかけてまちの景観を作り上げていくことは、とても夢のあることだと感じています。

活動をきっかけに、他の愛護会や行政の方、ガーデナーさんとの出会いもありましたし、全国のガーデンを見に行く楽しみもできました。公園愛護会活動は、これからも仲間や家族と一緒に続けていきたいライフワークです。

推しは「一緒に活動しているご近所さん」。東急グループの沿線緑化支援も受けました

2章

こんなこともできる！公園を育てるパイオニアたち

多様な公園育ての可能性

前章では、実に多様な方々が公園で活動されていることを紹介してきました。この章では通常の公園ボランティア活動にプラスして、一歩踏み込めば「こんなことまで実現できる！」というパイオニア的事例を紹介します。普段のボランティア活動を通して、行政や地域から信頼を得ているからこそ、できている活動です。

事例は長年にわたる活動のおかげで、自分たちの地域にプライドと愛着を持つきっかけになっているものばかりです。すぐにできることではないでしょうが、公園ボランティア活動の可能性を楽しんで読んでいただければ嬉しいです。

野菜も米も電気も作る地域のオアシス、自給自足公園
五郎兵衛コミュニティーパーク（茅ヶ崎市）

荒れていた市の空き地を、地元住民が再生し運営

神奈川県茅ヶ崎市にある五郎兵衛《ごろべえ》コミュニティーパークは、野菜を作り、米を育て、電気も作る自給自足の公園となっています。それもすべては、ボランティア活動に参加する人たちの「畑をやってみたいね」「元々田んぼだったから、田んぼもやってみたい」という発案から広がってきたものです。

五郎兵衛コミュニティーパークは、茅ヶ崎と橋本をつなぐＪＲ相模線の線路脇にある、２９００㎡もある開けた場所。この場所は、ＪＲ相模線の新駅候補地として市が購入したものの、計画が進まず、

活動開始からまもなく20年、地域のいろいろなメンバーが知識や経験を持ち寄る

住宅街の中に現れるオアシスのような空間。奥にはJR相模線の線路がある

左から書記長の佐々木幹夫さん、会長の鈴木國臣さん、副会長の鈴木敏男さん

花やハーブに果樹など、様々な種類の植物が育つ園内

畑の畝づくり。ベテランメンバーがやり方をレクチャー

五郎兵衛コミュニティーパーク（茅ヶ崎市）基本情報

団体名
駅と緑と絆の会

面積
2900 m^2

基本的な活動日
定例作業日は毎月1回、年間計画あり

いつもの活動参加人数
15〜20人

活動内容
除草、落ち葉かき、低木の管理、花壇の管理、植物の水やり、新メンバーの募集や勧誘、地域のイベント、畑、田んぼ

設立時期
2005年

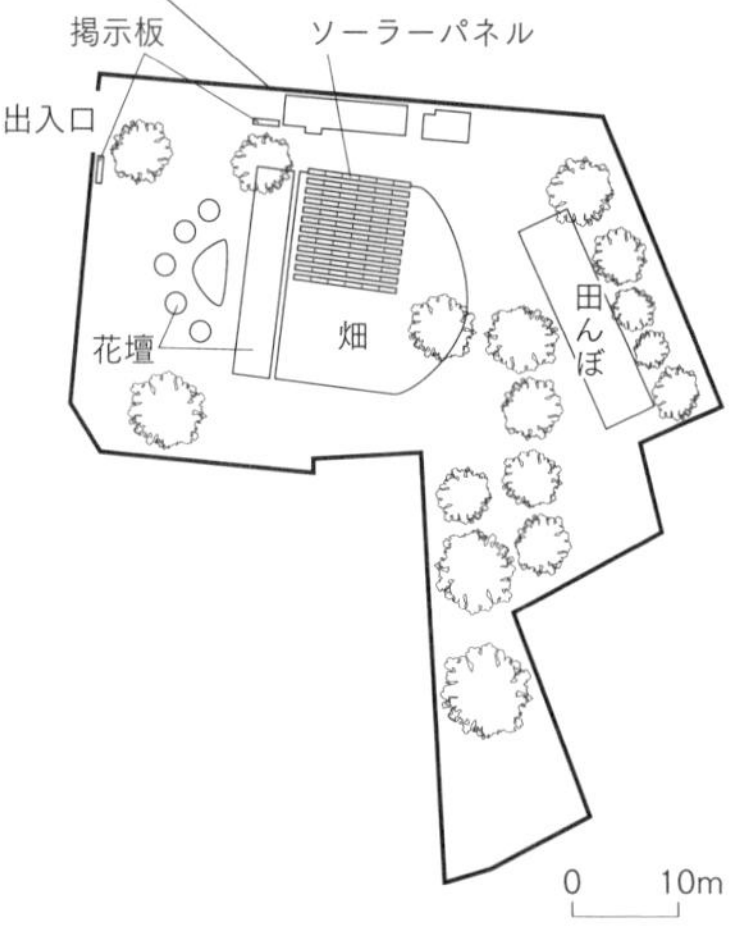

年に数回市の草刈りが入っても草が生い茂り、長い間荒廃地のようになってしまっていました。治安の問題などもあり、自治会の会長を中心に地域住民が立ち上がり、新駅ができるまで暫定的に住民に開放してほしいと、地元議員と一緒に市に交渉。市にとっても除草作業などの費用もかかるため、市と地域住民が話し合いを重ね、地域みんなのオアシスのような現在のコミニティーパークができていったそうです。

この五郎兵衛コミュニティーパークを作り、運営しているのは『駅と緑と絆の会』の皆さん。設立は2005年で、現在は40人程度のメンバーで運営されています。団体発足時からのメンバーという方も

いれば、最近メンバーとなった方もいらっしゃいます。会長の鈴木國臣さん（発足当時の自治会長）、副会長の鈴木敏男さん、書記長の佐々木幹夫さんにお話を伺いました。

畑は参加者みんなで力を合わせ、収穫し、シェアできる縁づくりに最適

現在では、4種類の野菜を育てる畑に、小さな田んぼ、早めのお花見が楽しめる春めき桜、季節の花が楽しめるいくつもの花壇、梅やびわ、ブルーベリー、栗などの果樹、ブドウやキウイの棚、水を得るための井戸、畑の上にはソーラーパネル、などとてもたくさんの植物と人、そして鳥や虫も共存する楽しい空間になっています。

畑は4つに分割されていて、ジャガイモ、玉ねぎ、里芋、さつまいもが作られていました。ずっと同じ作物ばかりが続かないよう、翌年は隣で、その次はそのまた隣で、と育てる場所と作物をクルクル回していく輪作計画です。

4つのうち2区画はソーラーパネルの下。太陽光発電システムは、NPO法人「ちがさき自然エネルギーネットワーク」の協力のもと2014年に設置されました。70Wのパネルが72枚。ソーラーシェアリングという方法で、太陽光を作物の栽培と発電で分け合う仕組みで、隙間があるので、ソーラーパネルの下でもしっかり育つそうです。発電した電気は、井戸水を汲み上げるのに使用され、余った電気は売電しています。

この日は、5月のさつまいも苗の植え付けの日。親子の参加もありました。まずは佐々木さんから苗の植え方を説明。そして畑を耕して畝づくり。藁や石灰を混ぜ込んだ土に、みんなで苗植え。苗は8畝に25本ずつ、合計200本の紅あずまの苗があっという間に植えられていきました。

年間計画で畑や田んぼの活動やイベントが予定され、毎月様々なお楽しみがあります。次回6月は田植えの予定。「田植えでも何でも、経験できるものはしておいた方がいいですよね。食べもののことだから」と話してくださった佐々木さん。自然相手に、無理せず、楽しく、ぼちぼちと、農業は広がりがあって面白いこと、植え続けていくことの大切さを教えてくださいました。

また収穫物を参加者みんなで分け合うこと自体も、イベントとして行っています。秋の収穫祭として田んぼで採れたお米でお餅つき大会や、芋煮会などを行ってきました。

2005年の団体発足時からのメンバーという方も、収穫祭や桜まつりの思い出を話してくれました。「ここに来ると人と会えるのが楽しみ、皆さん良い方で。畑があって、緑があって、気持ちが良いです」。この春からメンバーになったという方も「前から興味はあって。みんなで作って分けるという、買うだけじゃない関わりが良いですよね」と、話していました。お子さんといろいろな経験ができるのも魅力です。

ここで採れたものは、参加者みんなで公平に分けるようにしているとのこと。この日も、畑で育つ新玉ねぎがみんなのお土産になりました。参加している家族の数分のお土産を用意する作業も活動の1つ。季節ごとにいろいろな作業をして、その時のいろいろな恵みを、参加した人たちで分けています。

地域の人たちと一緒に汗をかいて作業をし、その結果できた収穫物をみんなで分ける。こんな体験が自然と地域の絆づくりになっています。

ソーラーパネルの下の畑には植えたばかりのさつまいも。隣は前月に植えた里芋畑

田植え前の田んぼの様子。水はソーラーの電力で汲み上げた井戸水を使う

子どもたちも一緒に作業を体験しながら、楽しい時間を過ごせるみんなのオアシス

春はやっぱりチューリップ！ 今年もよく咲いたわね〜と会話にも花が咲く皆さん

大きな紙に手書きしてきた、お花エリアの新たなプランを提案するメンバーさん

各領域の経験者がいながら、地域の未経験者にもオープンな姿勢

メンバーには、プロの農家、農機具を直せる人、刃物研ぎ名人、園芸が得意な人など、各分野の知識や経験を持っている方もいます。そういった方々が得意分野でサポートしてくれるからこそ、いろいろな活動ができています。

そして、何か問題があっても、それをオープンにして、みんなで解決策を考える、という運営方針にも、公平性を大切にされている姿勢を感じます。自分の持つ知識や力を持ち寄り、みんなでどうしたいかを考えて運営していく。まさに、コミュニティーパークを体現していました。だからこそ、皆さんの「やってみたい」が次々と実現されていきます。

今後やってみたいことについてお聞きすると、「これまで食料が原点でやってきたけど、今度は藍染の藍を始めてみようかと、いま家で苗を育てているんですよ」と話してくださった佐々木さん。「藍が育つと、今度は藍染めをしてみようか、じゃあ染めた布で何か作ってみようか、とか、この前植えた綿が育ったら糸を紡いでみようかとか、そこから新しい可能性がまたどんどん広がっていくでしょ」と笑顔の鈴木さん。

ここには、人のつながりや、季節の楽しみ、自然とのふれあい、農体験、学びや協力、地域の安心、いろいろなものがあり、さらに広がり続けています。こんな場所が地域にあると、本当に心強いし、日々が楽しくなりそうです。

20年続く「親子で鳥の巣箱づくり」イベント
鴨池公園（横浜市都築区）

横浜市都筑区にある鴨池《かもいけ》公園。横浜の港北ニュータウンにある大きな公園で、広い園内には、こどもログハウスや広場の他、水鳥が棲む鴨池や竹林など、自然もたくさん。緑道や大きめの公園も多い自然豊かな住宅地にあり、様々な鳥が見られます。

鴨池公園では、毎年親子で巣箱づくりをする体験イベントを実施しています。なんと20年以上続いている名物イベントとのこと。この親子巣箱づくりをきっかけとして公園を使うファミリー層との交流や、

鴨池公園（横浜市都筑区）基本情報

団体名
鴨池公園愛護会

面積
87619m^2

基本的な活動日
毎月第1日曜日

いつもの活動参加人数
20人くらい

活動内容
ゴミ拾い、除草、落ち葉かき、低木の管理、竹林の管理、施設の破損連絡、愛護会活動のPR、新メンバーの募集や勧誘、地域のイベント、子ども向けイベント、他団体と連携したイベント、池の保全、雑木林の枝落としや枯れ木除去

設立時期
1986年

愛護会活動を知ってもらうことも意図して行っています。他にも、タケノコ掘り大会などの親子で参加できるイベントを開催しているのも特徴的です。

こちらの公園でボランティア活動をしているのは鴨池公園愛護会の皆さん。ゴミ拾いはもちろん、竹林の整備や、雑木林の手入れ、池の保全・管理など、活動はかなり本格的な作業のようです。活動日は、毎月第1日曜日。いつも参加するのは20人ほどで、会員数は約130家族。会長の市川順而さんにお話をお聞きしました。

森林愛護活動から始まった愛護会活動

このあたりは昔水田で、港北ニュータウンの宅地造成がされた時期に、池と公園ができたことを教えてくださいました。森林や緑道など周辺一帯を広域で活動する自然愛護団体をはじめ、ボランティア団体は地域に多くあり、別の森林愛護会でも活動していた市川さんは、鴨池公園が作られる時からこの場所の自然と関わってきました。公園ができた1986年に、公園愛護会として登録。当初はみんな親子でワイワイ活動されていたそうです。

鴨池公園ができたばかりの頃、名前の由来にもなっている鴨池の水辺は、石積みで水草もない殺風景な池でしたが、愛護会の皆さんで湿地を作り、水草を植えて、多くの生き物が棲める自然に近い池に環境を整えていったのだとか。また、ホタルの棲む環境復元を目指して、湧水のある林縁に水路を整備して、水槽で孵化させた幼虫を春に放流し、夏の夜にみんなで見て楽しんだこともありました。ホタルの森、ロマンチックです。池の改修に、森の整備。地域の人みんなが楽しめる自然は、皆さんの手で作ら

鴨池公園愛護会の皆さん。いつものリヤカーと一緒に！

水鳥も棲む鴨池。冬の寒い朝は氷が張ることも

公園内には、竹林や雑木林など自然がたくさん

参加者に巣箱の作り方や、シジュウカラの雄と雌の見分け方などについて説明する市川順而さん

巣箱づくりのイベントは、こどもログハウスの横の広場で。寒いけどいいお天気！

れ、守られてきたものでした。

春にはみんなでタケノコ掘り大会も

竹林の整備や池の保全の作業は、かなり本格的。竹は放っておくと、どんどん伸びて広がり周囲に侵入していくので、定期的なメンテナンスが必要です。育ち過ぎた竹を伐採したり、枯れた竹を除去したり。春に行う「タケノコ掘り大会」は、竹林整備の大切なイベント。竹の増えすぎを防ぐことはもちろん、みんなでやることで地域の交流や、愛護会活動を知ってもらう良い機会にもなっているようで、毎年150人ほどの参加があるそうです。地域のみんなで自然の恵みを楽しく分かち合うって素敵ですね。

池の作業は、主に池の周囲のヨシ刈り。生物の保護や池の栄養状態も考えながら、年2回（6月と12月）行っています。竹の伐採や、雑木林の枯れ枝除去など、技術が必要な活動もあり、講習を受けたメンバーがチェーンソーなど様々な道具を使って、毎月幅広い活動をしています。

活動の様子は、鴨池公園愛護会のブログでも紹介されています。作業の様子、たとえば竹の伐採の段取りなども、たくさんの写真と一緒に詳しく書かれているので、読んでいるだけでもとても面白いです。ブログでの情報発信は、メンバーのおひとりの吉川さんが2007年頃から行っており、愛護会の活動と合わせて、続けることの重みと大切さを感じます。

「ある種1つの使命感かな。始めた以上はね」と市川さん。愛護会活動を終えて、みんなで飲むビールの味は最高だと笑顔で語っていました。

鴨池公園には、屋内遊び場である「こどもログハウス」が併設されています。「こどもログハウス」

とは、木の温もりを感じながら自由に遊べる屋内施設。横浜市内の公園に18カ所あり、鴨池公園のこどもログハウスは「かもいけランド」と呼ばれています。

展望台や地下迷路など、室内全体がアスレチックのような遊び場になっている他、トイレや読書スペースもあり、イベントなども行われていて、地域の子どもたちや親子に人気のスポットになっています。横浜市の施設で認定特定非営利活動法人つづき区民交流協会が指定管理を行っています。

鴨池公園愛護会とは、毎年の「鳥の巣箱づくりイベント」の他、七夕の季節に笹飾り用の竹を切り出してもらったり、自然工作の材料を提供してもらったり、といったつながりがあることを、こどもログハウスのスタッフリーダーの的場さんが教えてくれました。イベントも公園愛護会だけで行うのではなく、公園内の施設と一緒に開催できるのは力強いですよね。

人がつながるきっかけとしてのイベント

取材当日は「鳥の巣箱づくり」ということで、シジュウカラにピッタリの巣箱を親子で作るイベントです。2018年から鴨池公園こどもログハウスでやるようになってからは、参加者の幅が広がったそうです。

本題の鳥の巣箱づくりです。申し込みは当日の先着順。予定より参加枠を拡大して、鴨池公園やこどもログハウスを利用する、小さな子から小学生までの親子15組が参加。シジュウカラのこと、そして巣箱の作り方の説明を聞いて、材料と道具を受け取ったら、いざスタート！

参加者の中には、リピーターの方も。巣箱をおうちの庭の木にかけておいたら、本当にシジュウカラ

ノコギリに挑戦！ 動かし方や力の入れ方はこんな感じかな

トンカチでトントン組み立てていきます。釘はまっすぐ入るかな

斜めに切る部分など難しいところもありましたが、どんどん切っていきます

かわいい巣箱が完成！

巣箱の形になってきました！

風や太陽、周囲との関係を見ながら設置場所を選びます。高いところの作業も慣れたご様子！

が来たそうです！「卵を産んで、ヒナが巣立っていったのが感動で、また新しい巣箱をつけたくて！」と話してくれました。

参加していた方に少しお話をお聞きしました。

「参加は初めてです。お友達の家に巣箱があって、そこに来ている鳥を見るととてもステキで、『いいな〜！』と思って。去年は申込が間に合わず、今年リベンジできました！　公園愛護会のことは知っています。公園愛護会には入っていませんが、町内の緑道の川の清掃などには参加したことがあります。」

「友達に誘ってもらって参加しました。参加は初めて。巣箱はおじいちゃんの家に置こうかな。公園愛護会のことは、知りませんでした。そういう活動、ありがたいですね！」

「一昨年も参加して、今回2回目です。巣箱が猫に襲われたこともあったのですが、守りました。ピヨピヨ小鳥の鳴き声も聞こえてきて、巣立ちも見れたのが感動的で。みんなで作ると楽しいので、またイベントに参加しました。子どもがノコギリを使う機会もなかなかないので、嬉しいです。」

「参加は4年目です。インコを飼っているのですが、去年はインコがこの巣箱を使って卵を産みました！　今年もインコ用になりそうで、インコの絵を描きました。とても楽しいイベントです。」

鳥の巣箱づくりイベント以外にも、「森のまつり」として、自然の材料での工作や、竹でパンを焼いたり、様々な自然遊びが体験できる地域イベントを行ったり、区民祭りで愛護会のＰＲを兼ねて、竹のリースや松ぼっくりのリースづくりなど、いろいろなイベントも行っています。

以前は、夏にボートを出して池のプランクトンを観察する自然教室もやっていたそうで、自然を使った楽しい遊びのアイデアが豊富な皆さん。

「地域にこういう風景があるのは良いですよね。人のつながりができる機会を提供できれば」と、市川さんは優しい笑顔で話してくれました。

森林環境保全から始まった公園愛護活動が、自然環境を活かした親子で体験できるイベントに広がってきているのが印象的でした。自然を大事にしてもらうには、自然から得られる豊かさを体験してもらうのが一番です。地域から得ている信頼の蓄積は、同じ方向を向いて楽しんで活動している愛護会メンバーの皆さんのチームワークの賜物だと感じました。

都会で本格的に芝を育てるイクシバ！プロジェクト

黎明橋公園（東京都中央区）

芝生に特化して活動する珍しい公園ボランティア。NPO法人のイクシバ！プロジェクトです。「ふかふかの芝生を地域に根付かせ〝緑と人の輪〟を育てる」ことを目的に、東京都中央区晴海にある黎明《れいめい》橋《ばし》公園で活動しています。

ふかふかの芝生を維持するために、地域の人が集まる

都営地下鉄大江戸線勝どき駅のほど近くにある黎明橋公園。名前の通り、黎明橋の側にあり、高層ビルや企業の名前が入ったビルに囲まれています。都会の中でも遊具やバスケットボールのできる場所があり、子どもたちが楽しむには十分な要素が揃っています。そして芝生エリア。訪れた5月下旬には青々とした目に優しい芝生が広がっていました。

こちらの公園でボランティア活動をしているのは、「イクシバ！プロジェクト」の皆さん。ふかふかの芝生を育てることに特化した公園ボランティアグループです。

活動は日曜日の朝9時からスタート。みんなで円になってまずは準備運動。準備ができたら、早速芝刈り開始です！

この日は、元気に伸びている冬芝を、その下に生えている夏芝に陽が当たるようにカット。作業は長期的に芝生を楽しむためには今どんな手入れをすれば良いか、という観点で行っており、一部のメンバーがまるで話しかけるように芝生を確認し決定していました。

初めて見ると、2種類の芝生が植わっていることもわからないくらいですが、そこには夏芝と冬芝がしっかり存在しているとのこと。いつも活動している皆さんには芝生が違ったように見えているのでは

……と思わずにはいられません。早速、芝生管理の奥深さに触れた気がしました。

子どもたちもたくさん参加していました。小学2年生の女の子はお父さんと参加。自分から、やってみたい！と希望して、幼稚園児の頃から参加しているそうです。慣れた手つきでみんなから刈った芝を集めていました。

刈られた芝はかなりの量。雑草が混ざっていないものは倉庫裏にあるコンポスターに入れられます。コンポスターとは、落ち葉や草などの有機物を微生物の働きを利用し堆肥として活用する容器のことです。近年、循環型社会の取り組みの1つとして注目されつつあります（芝生の堆肥として利用するため、雑草の種が混ざってしまうと芝生のメンテナンスが大変になってしまうので雑草を取り除いています）。

この日、芝をコンポスター前で集めていたのは青木さん。公園近くにお住まいで、前年にお仕事をリタイヤし、体を動かす機会として参加されていらっしゃるとのこと。「公園の堆肥は秋頃にできる予定で、芝生への活用はもちろん、地域の方にも配るんだよ」と優しい笑顔で教えてくれました。

芝刈り以外に、雑草を抜くチームもいます。お母さま方がマイチェアを持参して、せっせと雑草抜き。手を動かしながら、おしゃべりも進みます。「いい情報を得られるのよね〜」と和気あいあい。「ここ、いい公園でしょ！」と楽しそうにお話ししていました。

小さな子も雑草抜きをお手伝い。お友達の誘いで子どもが参加したがったことで、兄弟で参加。親御さんからしても、子どもが土いじりできる貴重な時間となっていました。

芝刈りを始めると、あたりは芝の良い香りにつつまれ、刈った後がラインになるのもなんだか気持ち

ゴロンと寝転べる、憩いのリビング空間のような芝生

まずは、みんなで準備運動

芝生の様子を触りながらチェックする皆さん

前の人と芝刈り機を半分ずつずらしながら進める

刈った芝がどんどん集まります！

黎明橋公園（東京都中央区）基本情報

団体名
育てる芝生〜イクシバ！プロジェクト

面積
7103 m^2（芝生エリアは約2000m^2）

基本的な活動日
毎週日曜日の午前9:00〜10:00

いつもの活動参加人数
20〜30人

活動内容
芝生育成、芝生に関する情報発信、新メンバーの募集や勧誘、地域向けイベント

設立時期
2013年

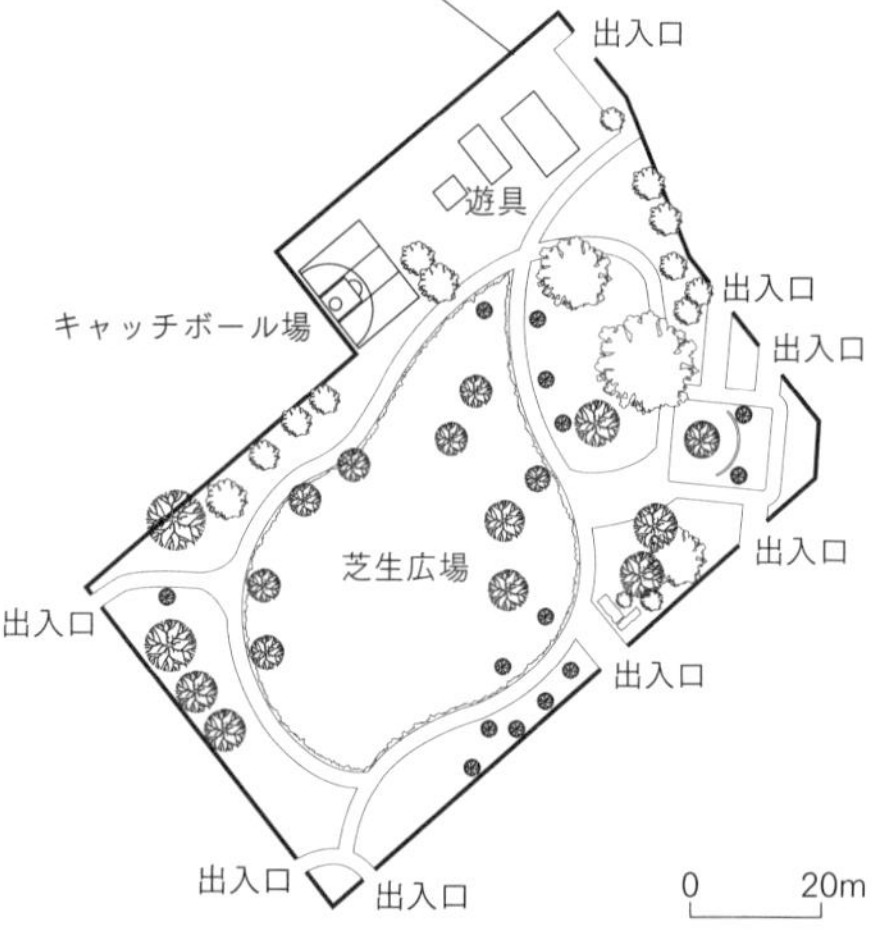

良い感覚です。どんどん芝刈りを行う人、刈った芝を集める人、連携プレーでサクサクと作業は進んでいきます。芝刈り作業は列になって行います。後ろの人は前の人と半分ずつ外にずらして進むのですが、それがなかなか難しい！　ガタガタにならないように想像より集中力が必要でした。

作業後には、イクシバ！プロジェクトの代表尾木和子さん、長尾美奈子さん、参加メンバーの半田さん長谷川さん、ホームページなどを担当している井上さんにお話を伺いました。

誰でも参加できる雰囲気づくりの秘訣

一体どのようにイクシバ！プロジェクトは始まったのでしょうか？

「2013年、うっそうとした森のようだった公園が改修され、芝生広場が作られるということで、管理を手伝ってくれないかと、以前幼稚園の園庭の芝生化を実現した経験のある私たちに声がかかったのが始まりです」。

他の場所の公園にも芝生広場が整備されましたが、維持管理がうまくされない結果、砂地化されてしまったケースもあるそうです。生き物である芝生は手入れをし続けないとじきに枯れ、それは悲しい姿になってしまうことを知っていた尾木さんたちは、地域の方々が維持管理していくのが良いと考え、町会と一緒に「育てる芝生～イクシバ！プロジェクト」を立ち上げました。

当初、尾木さんたちはあくまで芝生管理について町会の方々に教える立場でしたが、高齢化もあり、徐々に組織の中心として携わることに。そのように元々地域の中心的なメンバーでなかったため、よりオープンで気軽に参加できる組織づくりには、ものすごく気を使っています。

芝生に引き寄せられる人々

通常の作業に加えイベントも行っているイクシバ！プロジェクト。区民フリーマーケットを行ったりしてきました。毎回キャンセル待ちがでるほどの人気イベントとなっています。また2023年5月には、ついに芝生を活かして「芝フェス」も開催されました。フリーマーケットやバンドネオンのライブ、ヨガ体験や芝生ピクニックなど芝生を中心に楽しめるイベントとなりました。しかし、残念なことに芝

左から、新社会人の長谷川さん、事務局長の長尾さんと代表の尾木さん、大学生の半田さん

みんなでおしゃべりしながら雑草取り

芝刈りチームと息を合わせて場所をかぶらないよう作業

コンポスターでできたふかふかの土とたっぷりの液肥

最終的にみんなが刈った芝はコンポスターへ

フェス当日は、天気が不安定。雨によりイベントも終了時間を早めに終わらせることになってしまいました。

芝フェスは、利益が出たら芝生の苗や冬芝の種、道具や備品を充実させる予定でしたが、雨の影響もあり、初の芝フェスは赤字となってしまいました。うまく運営しているイクシバ！の方々でも、こういった計画違いは避けられません。次回芝フェスに向けて、天候対策としての日程選定や、初回で準備した設備の有効活用など、黒字化に向けて準備を進めていました。

というのも、イベントの目的である、天然芝の魅力を知ってもらい、芝生ボランティア活動について地域の方々に広報する良い機会となったからです。芝生に惹きつけられて集まる団体であるため、こういったイベントをきっかけに、毎回の作業を楽しんでくれる仲間づくりにつながるからだそうです。

今後やってみたいことは何ですか？とお伺いすると、「芝生婚活なんてどうかな？」なんて、妄想がいろいろと広がる中、「こういった活動をいろんなところで広めたいと思っています」と話していました。実際、創設時のアドバイスや技術指導受託という形で茨城県つくば市の竹園西広場公園で芝生維持活動を行う「つくばイクシバ！」という市民グループにも広がってきました。

全国に手入れされず残念な状態になっている公園の芝生は多いです。地域住民たちで芝生の手入れができるようになれば、芝生が元気になるだけでなく、芝生を楽しむ目的で集まる公園が増えていくだろうと確信しました。

芝生のススメ

手がかかるほど愛しい。芝生のお世話の舞台裏

尾木和子　NPO法人育てる芝生〜イクシバ!プロジェクト代表理事。芝草管理技術者。芝生大好き。雑草も好き。人生を教えてくれるのが芝生と雑草。好きが高じて芝生管理の資格を取得。

イクシバ!流、公園の芝生メンテナンス方法

私の所属するNPO法人育てる芝生イクシバ!プロジェクト（略してイクシバ!）はプロではないボランティアで地域の芝生育てを実践しています。創立10年目です。成功ばかりでなくたくさんの失敗で試行錯誤もしてきました。総じて、「芝生育てすごくいいですよ!!　芝生活動は気持ちいい!　ぜひ一緒にやりましょう!」、そんな気持ちで地域の皆さんの芝生育てを応援しています。

芝生がハゲてる、芝生の中に雑草が大きく育っている、実はこれ、芝生あるあるです。芝生は植物として高頻度のお世話を求めます。その求めに応じて芝生が満足する回数のお世話をしてあげると、密に生え揃った絨毯のような良い気持ちの芝生となって皆さんのところへ返ってきてくれます。近隣の芝生で、あれ?と思うことがあれば、今、手を打ちましょう。近隣に芝生が導入されたばかりの皆さんは、まさに今がDIYの始め時です。さあ始めてみましょう!

集い憩うための公園芝生を目指そう

始める前に1つ共有したいこと。「芝生」と聞いてイメージするのはどんな姿ですか?

ゴルフ場のグリーン?　ツートンカラーのサッカースタジアム?　ラグビー場?　手入れの行き届いている個人邸のお庭?　美しい造形物のような芝生を思う方もいるでしょう。

でも、公園向きの芝生はそのどれとも違います。環境が違うのです。公園は24時間誰でも入ってきてOKの場所。多く踏まれすぎると、禿げてしまうこともあり、人が集まるほど芝生にとって過酷な環境になります。しかも芝生の維持管理に使われるマンパワーも限られます。行政が行う芝刈りは多くて年間4回程度、私たちボランティアもプロのように、毎日はお世話できません。芝生の種類は同じでも、世話の頻度で出来上がりも異なります。だったら、ゴルフ場のようにプロの手が入った完璧に美しい芝生ではなく、みんなが〝集い憩うための芝生〟を目指しましょう。

〝集い憩うための芝生〟とは、裸足になれ、ゴロンと寝転べる、転んでも擦りむかないから大怪我にならない場所です。思いっきり走れる場所であり、憩いのリビング空間のような芝生。自分たちなりにできる範囲で誠実に取り組めば、そんな公

園向きの芝生が作れます。

公園芝生のメンテナンス：雑草取り・芝刈り・施肥・散水

まず、DIYでするメインの作業は雑草取り・芝刈り・施肥・散水を指します。

・芝生を阻害するものから守るのが雑草取りです。

・芝生を強くするのは芝刈り・施肥・散水。

とりあえず簡単な道具さえあれば、すぐ始められるものとして、〝雑草取り〟をお勧めします。週に一度、あるいは月に一、二度でも大丈夫です。

〈雑草取り〉

屋上の芝生広場でさえ、雑草はやってきます。初めから土に（砂に）タネが入り込んでいた、芝生の苗に入り込んでいた、風に飛ばされてきた、鳥や虫が持ってきた、いろんな理由で芝生以外の草（雑草と呼ぶ）が生えます。隙間には雑草の種があっという間に根付き、虎視眈々と芝生との領地争いが始まります。だから芝生が密に生えている状態を作り、侵入の余地を与えないようにします。

夏雑草・冬雑草・年越す雑草、それぞれにピークがあり、ピークには来季の子孫繁栄のためにタネを飛ばし始めます。それまでにできるだけちょこちょこ取りましょう。芝生導入2年目くらいまでに始められると、雑草のタネが飛ぶ前に取り切れるので上手に管理できますが、それ以降はそれまでに撒かれた種のせいですぐには、答えが出ないかもしれません。マンパワーVS雑草パワー。できるだけ定期的に取り組みましょう！　雑草が退いた場所は芝生が伸びるスペースが生まれます。少しずつでも芝生を応援してあげると確実に様子は変わってきます。

〈芝刈り〉

芝刈りは芝生を強くする作業です。刈れば刈るほど芝生は丈夫になります。ここでいう刈るほど、というのは芝生の量ではありません。芝生を刈る「頻度」です。刈る量は教科書的にはルールがあります。それは1／3ルールというもの。今ある芝生の背の高さの上から1／3までしか刈ってはダメですよ、というルールです。最初はこれを守ってください。本来は上へ上へ伸びていくイネ科植物の芝生ですが、短めにちょこちょこ頻繁に刈ることで、〝上に伸びるなよ〟、〝根っこを張り巡らせろよ〟とのシグナルとなります。1日に二度三度芝刈りをするゴルフ場やスタジアムの芝生刈りカスは抹茶みたいに細かなもの。公園DIYではそうはいきません。週に一度刈るのでも公園では十分に高頻度です。そうして上に伸びられない芝生は分けつして、葉っぱを増やします。根っこも上部に張り巡らせる強い芝生へとなってゆきます。実は芝生育ては根っこ育てが肝なのです。伸びてなくても刈る。これが大事です。

〈施肥〉

肥料をあげます。芝生は砂地で造成されることが多いです。その理由は芝生が水はけの良い地面を好むことと、一度芝生が導入されるとその先ずっと利用者に踏み固められます。畑と違い耕運できません。なるべく踏まれてカチカチにならないように土でなく砂を使うことが多いです。一方、砂は土と違い栄養を保つ力は弱いため、人間が添加してあげる作業が必要になります。これが施肥作業です。この作業は大人数ではなく肥料散布機を扱う人ひとりで行います。単純なのですが、ちょっとコツが必要で、失敗すると肥料やけで禿げてしまったりもします。でもその辺りもおおらかに、誰もが通る道、失敗して芝生スキルは身に付きます。肥料をあげて一週間もすれば緑が濃くなり元気さが増します。だからといって多く与えすぎると伸び過ぎて芝刈りが重労働になります。施肥量はうまいバランスの量がありますので、肥料の袋の説明書きを参考に。続けるうちに作業量と芝生の元気さを肥料量でコントロールできるようになりますよ。

〈散水〉

芝生は通り雨のようなさーっと降るシャワーが好きです。上から水を浴びて地面に落ちてさっと引くような水分。作業の一番最後に、たっぷりあげてください。夏場は一緒に作業をする子どもたちのご褒美タイムとなります。作業着の下に水着を着てくるお子さんもいて、その楽しそうな声は、一緒に作業をした仲間の大人の元気の源にもなりますよ。

業後のご褒美は「芝吸い」

そして、もう1つオススメがあります。作業したばかりの芝生の上でゴロンタイムです。イクシバでは「芝吸い」と呼んでいます。作業を終えて、片付けも済んだ頃、靴脱いで、靴下脱いで、直射だと暑いので、少し木陰の芝生に膝をついて、そのまま前にダイブ！　うつ伏せでほっぺをすりすり、刈ったばかりの芝生の青い匂いを嗅いでみます。それから仰向けになって、ただただ目を閉じてリラックス。空を見上げ、背中の疲れは芝生が吸い取ってくれる時間です。

芝生がお世話してくれてありがとう！と、プレゼントをくれる時間です。これ、なかなか大人は恥ずかしい。それほど家の外で裸足になることもゴロンとなることも慣れていません。だからみんなでやれば怖くない！　作業のおまけにしましょう。本当に気持ちいいのでぜひやってみてほしいです。それからみんなでアイスを食べたり、冷たいお茶を飲んだり、コミュニティづくりも少し意識した時間を作ってみてください。

以上が通常の作業です。こうして芝生を強くしつつ、生きる場所を雑草から返してあげる。この両方を芝生にあげてほしいです。

この他に、年に数回行う作業があります。それは春先の更新作業、目砂を撒く作業、禿げてきて芝生が負ける場所には補植をしてちょっとパッチワークして助けてあげる作業もあります。このどれもタイミングを選びます。もし迷う時はぜひイクシバ！に相談してくださいね。

続くコツは、作業時間を限定することと、ストレスのない道具類

まずは雑草取りから始めてください。芝生も種類によっては伸びないので芝刈りは月に一度程度で良い芝種もあります。

時間は準備片付け含めて1時間で収めましょう。もうおしまいか〜、まだもうちょっとやりたかった！くらいで終わるのがコツです。

一番効果があるのはストレスのない道具選びです。たとえばホースの巻き取りやすい子どもも楽に扱える車輪つきのホースリール、狙った大小の雑草が一度でスポスポとれる雑草取り器具、スパッと切れる芝刈り機、こういう基本の道具は耐久性があるちょっと良いものを揃えましょう。芝生は多年草ですから、長く元気でいてもらうためにも、ボランティア作業もストレスや無理なく続けましょう。

芝生育ては、コミュニティ育て

作業の頻度も、最初は心配かもしれませんが恐れるに及ばず。芝生育ては、人が集まる理由をたくさん持っています。自分で作り上げる芝生、作り上げる公園。作業する人は、芝生から十分にいい気持ちをもらえ、あたたかな人と出会えますし、作業に参加しない人たちが芝生の上で遊んでいる姿を見るのも嬉しいものです。芝生は刈っても刈っても、威勢のいい若い葉っぱがどんどん伸びてきます。それだけ二酸化炭素も吸ってくれて、環境にもいいんです！　えっへん。芝生育てってなかなかいい趣味だよね！　そんなDIYになってくれると思います。

そして、仲間と芝生育てをしていると、芝生がそのコミュニティを育ててくれます。ゆっくりとじっくりと芝生の根が地面に伸びて行くように、人と人との関係も少しずつ耕される。雑草取りも芝刈りも人が多ければ多いほど芝生にとっては嬉しいことで、ここでは皆が芝生にとってありがたい人。作業をしているとみんながそれを実感します。誰もが必要とされる場所、それが芝生育てです。

芝生DIYで皆さんの公園の芝生と人の輪が豊かになってゆきますように！　そんな場所が1つでも多く増えることを願っています。

水栓まで重いホースリールを担いでいくのは大変。車輪つきがオススメ。ホースの巻き取りもハンドルを回すだけ

雑草取りに便利な器具。しっかりしたテコがついて、大物から小さな雑草まで軽い力で取れて便利

いろいろなワザを持ち寄って作る自然の草地「のはら」

谷津坂第一公園（横浜市金沢区）

横浜市金沢区にある谷津坂《やつざか》第一公園。京阪急行線能見台駅から歩いて5分ほどの住宅地にある広く平らな街区公園です。園内は遊具エリアと草地エリアに別れていて、周りの道からも公園の様子が感じられる、見通しの良い公園です。

この公園では、通常の花壇などとは異なり、自然の草地を活かした「のはら」づくりに挑戦しています。春にはチューリップをはじめ様々な花が咲き、夏は伸びる草も楽しみながら緑と生き物を観察、秋は風に揺れる草花と遊び、冬枯れの姿も楽しめる、そんな野原に元々あった野草の魅力を活用して、美しく野原の風景を作っているだけでなく、地域に関わらず誰でも参加できるのが特徴的です。

こちらの公園でボランティア活動をしているのは、谷津坂第一公園愛護会「のはらぐみ」の皆さんです。その活動内容について、お話を伺いました。

草が風に揺れる、自然のままの姿が美しい場所

庭づくりや植栽をお仕事にしているガーデナーの伯母《うば》はる美さん、平工《ひらく》詠子さん。言わば花と緑のプロフェッショナルな方々。そんなお二人がこの公園に関わることになったきっかけは何だったのでしょうか。

「ここの草の美しさに魅せられて。見つけてしまったんだよね」。自然のままに伸びた草の中に、犬の散

谷津坂第一公園（横浜市金沢区） 基本情報

団体名
谷津坂第一公園愛護会
（愛称：のはらぐみ）

面積
3655 m²

基本的な活動日
毎月1回
（園内の掲示板やFacebookで告知）

いつもの活動参加人数
20人くらい
（球根ばらまきイベントは100人以上参加）

活動内容
草花の手入れ、草刈り、除草、落ち葉かき、落ち葉堆肥づくり、ゴミ拾い、愛護会活動のPR、地域や子ども向けイベント、他団体と連携したイベント

設立時期
2020年

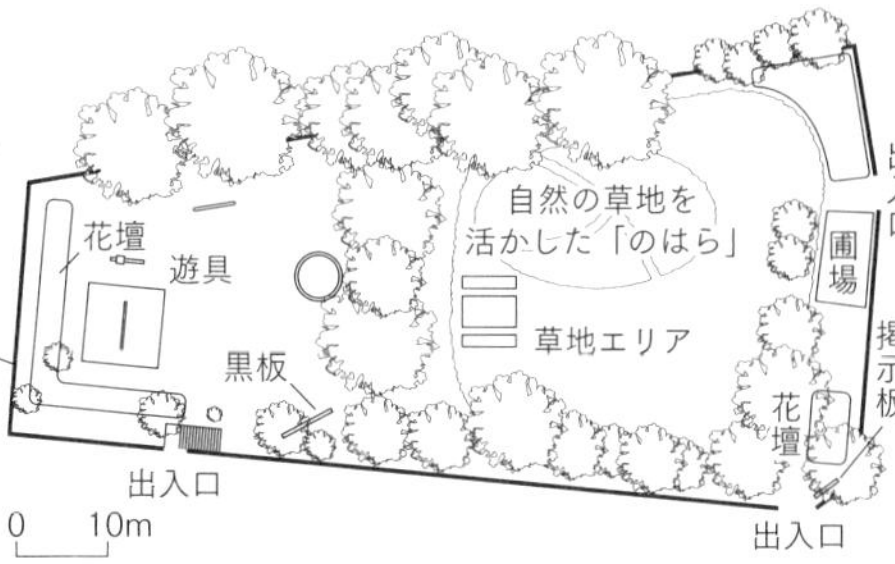

歩の人が歩いてできたけもの道のような通路があって、風草《かぜくさ》（イネ科の多年草）が揺れる景色がとても幻想的で美しかったこと。こんな場所がぽっかり残っていたんだという驚きとワクワクを、お二人は話してくれました。

それは、人々に気にされず、ともすると「荒れている」と言われがちな風景ですが、自然のままの公園を見つけた！という着眼点が始まりでした。

市へ提案書を持ち込み始まった、実践型講習会

「この自然のままの草地を活かしながら、人が楽しめるような野原にすることはできないか？」と考えたお二人は、多年草や球根を使うと謳った提案書を作って横浜市に出してみました。

すると、お二人が講師になって実践型の講習会を行うという形で実現することに。継続してお世話をしていく愛護会のメンバー募集も兼ねて、全8回の講習会が行われました。参加者は、同じ金沢区の別の公園で愛護会活動をしている人や、この取り組みに興味を持った人たち。遠方から

の参加もありました。そこでまずは、秋から冬の間に、歩きやすい道を作るための刈り込みをし、多年草の植え込み、春咲きの球根植え、「スプリングカットバック」（冬枯れ姿の草を刈り込んで春を迎える準備）など、およそ1年をかけて野原を活かしていく取り組みを講習会を通して行っていきました。

この地区に古くから住んでいる方は「昔はここで盆踊りをしたこともあったけど、隣の公園ができたらそっちでやるようになって、こっちは草ぼうぼう。草の中に遊具が埋もれているような公園だったよ」と話してくださいました。この活動が始まる前は、公園愛護会もなく、遊びに来る人も少ない公園だったようです。

この活動が始まった翌年2020年に遊具エリアの再整備が行われ、「のはら」を除く草地エリアも舗装される予定でしたが、メンバーで協力して周辺住民の意見を集めて草地として残し、暗渠《あんきょ》（地下の排水路）の整備が行われ、より充実した環境に。いつしか「のはら公園」と呼ばれ、ご近所の人からも親しまれる公園になりました。その後、近隣のこども家庭支援センターや福祉作業所、保育園、商店街も加わって、掲示板づくりや手押し芝刈り機による原っぱづくり、地域への広報など、みんなの輪が広がって新しい展開が次々に起こりました。

誰でも歓迎。それぞれができることを、自分のペースで楽しむ

公園愛護会としての活動は、活動に賛同してくれた仲間の協力があって開始できました。いろいろな人が気軽に参加できるように、門戸を大きく開いています。「のはらぐみ」では、地域の人はもちろん、遠方から来る人も、初めての人も、大人も子どもも、みんな大歓迎。

設計された花壇とは異なり、ばらまいた球根から育ったチューリップ

「のはらぐみ」の仲間たち。誰でも歓迎

チカラシバやシオンが風に揺れる秋の「のはら」

枯れ草を切り戻すスプリングカットバックで春の準備

みんなの黒板。誰かがつくってくれたチョークボックスも

作業の方法を教えてもらって、それぞれができることを、自分のペースでやっていく。植える植物の種類や位置も、みんなで話し合って決めていく。久しぶりに来ても、楽しめる。

みんなで一緒に活動を楽しみたい！というのはらぐみの皆さんの思いが、皆さんの良い雰囲気づくりにつながっているようでした。初めてでも、その日の作業のやり方を丁寧に教えてもらえ、緩やかな会話が生まれて良い雰囲気です。たまたま遊びに来たタイミングで遭遇したという親子も、その季節季節の草花遊びのような作業を楽しんでいました。

名物「球根ばらまき植え」

その場所に自然に生えている野草を活かしながら、人の手を加えて、より楽しめるようにしているという「のはら」。元々生えているカゼクサやチカラシバなどの野草の隙間に、モナルダ、コオニユリ、ユーパトリウム'レッドドワーフ'、シオンなどの多年草を植えて、彩りを加えています。その場所や環境に合う植物もあれば、元々ある野草に負けてしまう植物もあるそうで、試行錯誤と観察や話し合いを繰り返しながら、いろいろな植物を育てていること、常に変化し続けていることを教えてくれました。

そして何と言っても、この「のはら公園」の名物は、「球根ばらまき植え」です。複数の種類のチューリップやヒヤシンスなど、咲く時期の異なる球根をたくさん混ぜて、空に放つようにばらまいて、落ちたところに植えるというもの。開花の時期をずらして選んだ球根をばらまき植えをすることで、時間差で次々と花が咲き、移り変わる景色が楽しめます。人が並べて植えるよりも自然に近い景色ができる上、変化を楽しみ続けることができるそうです。

これは毎年12月頃に100人以上が参加する恒例のイベント。最近は、近くにある「こども家庭支援センター さくらの木」や「よこはま花と緑の推進リーダー会」が球根提供などの協力をされていて、地域の子どもたちにも大人気です。チューリップが咲いた頃には、花でアレンジメントを作るイベントなども行っているそうで、季節ごとの楽しみが1年中続きます。

「球根ばらまき植え」に挑戦したい方は、横浜市のホームページで「球根ミックス花壇の作り方動画」も紹介されています。こちらも参考にしてみてください。

「スプリングカットバック」：ふかふか土づくりで春への準備

そして、お伺いした日に行われていたのは、こちらも冬の名物になってきたという「スプリングカットバック」です。スプリングカットバックとは、冬の間に残していた枯れ草を切り戻して、早春からの芽吹きや生長をきれいに見せるための作業のこと。切った草は、チョキチョキ細かく刻んで再び土に戻すことで、土の状態が良くなるそうです。なんというエコな循環でしょう！ この効果で、固かったこの土も、ふかふかになってきたとのことでした。ゴミも出ないし、土にも植物にも良い循環する取り組みです。

枯れて乾燥した茶色い草を、ハサミや刈り込みバサミでチョキチョキ切っていきます。通路と草地ゾーンの境界になる縁は、枠として少し高めに残して切ります。もう出始めているチューリップの芽を気にしながら、エリアを分担して、どんどん切っていきます。チョキチョキ、ザクザク、という音も心地良いです。

子どもたちは、通路や広場の落ち葉や枯れ草を集めたり、集めた葉っぱを切り終えた場所に一緒に撒

球根ばらまき植え。球根を空に向かってポイッ!

いたり、それぞれができることを、聞いたり教えてもらったりしながらやっていました。初め20人ほどだったメンバーも、気づけば50人近くに増えていたという盛況ぶりで、2時間でのはらはすっかり春を迎える準備が進んでいました。

この日はちょうど、初めて焼き芋をやってみようという日で、のはら作業と並行して焼き芋チームがたくさんのお芋を焼いていて、良い香りがしていました。小さな子どもに小中高生、90歳近いという元気なメンバー、ご近所の人、少し遠くから来た人、公園でみんなが楽しんでいる風景は心が温まります。

植物が増えると会話も増える

「まずは観察することかな。季節を通して見てみると、変化が見えてくる。種を残してみたり、落ち葉が土に返っていく様子にも発見があるし、無理やりきれいにしなくてもいいと思いますよ」と、話してくれました。

そして、植物を増やす楽しみについても、教えてくれました。多年草や球根を育てていると、増えてくるので、近くの公園愛護会同士がつながって、増えた植物をあげたり・もらったり、というやり取りが行われているそうです。この日もちょうど大量の球根のお裾分けがありました。植物の種類も増えるし、会話も増える。育てて、増やして、お裾分けするという、時間をかけた楽しみが生まれていくこともまた素晴らしいですね。

変化し続けているから、いつも気になる公園

「のはら公園」では、いろいろな種類の植物が次々と姿を見せ、日々景色が移り変わっているので、つい立ち寄って、中に入って歩いたりゆっくりしたりする人が多いそうです。そして、様々な昆虫や鳥たちも、この公園を気持ち良い居場所にしているようです。

園内には使わなくなった看板を再利用した黒板ボードがあり、自由に使えるようにしてありました。子どもたちがクイズを書いたり、メッセージを残したり、楽しめる工夫があちこちに散りばめられています。

「のはらぐみ」の活動には、いろいろな地域の人が参加していましたが、「来るとみんな楽しそうにやっていて、いつ行ってもオープンな感じで仲間に入れるから」と参加の理由を話してくれました。ただ決められたことをこなす作業ではなくて、花の種類にしても、みんなで話して、一緒に考えて、決めていくことが楽しい。花を買って、植えて、枯れたら、捨てて、また買って、という活動とは違う、流れる自然の良さがあること、一瞬の華やかさだけではない、豊かな循環があることも教えてくれました。活動に参加すると、その後の様子が気になって、また行きたいなと思ってしまう、そんな公園です。

外来種が繁殖し、真っ赤になった池を再生。約5000輪の蓮池に

桜小路公園（藤沢市）

神奈川県藤沢市にある桜小路《さくらこうじ》公園。江ノ電の柳小路駅から住宅街を歩くこと約10分の場所にあります。道路を挟んで敷地が広がるユニークな形の公園です。一方はブランコや滑り台といったベーシックな遊具がある遊び場で、もう一方には「第一はす池」「第二はす池」と呼ばれる池が2つあります。春には池周りに桜が咲き、初夏には大きな蓮の花がたくさん咲くので、地域の人たちには花の名所として知られています。また、サギやカルガモ、カメ、メダカといった多様な生き物を観察できるので、貴重な自然と触れ合える場所として子どもたちからも人気です。2つの蓮池管理をしているだけでも珍しいのに、この蓮池を再生したのも愛護会の皆さんです。

公園ボランティアをしているのは、ご近所の有志の皆さん。代表（取材時）の武井創さんにお話を伺いました。基本的な活動は、はす池の管理や園内清掃など。定例活動は最終日曜日の月1回で、あとはできる人が平日に個人で活動しています。

はす池周りの植栽の剪定やヨシの刈り込みなど、蓮の花がたくさん開花するように1年を通してお世話をしています。お世話の内容を伺うと専門家のようなレベルで管理しています。たとえば、開花を終えた枯蓮を除去する冬場の作業。腰や胸まである防水作業着を履いて冷たい池に入り、枯れた茎（柄）を一本一本手作業で抜き取って陸揚げし、乾燥させ袋詰めし廃棄するそう。第一はす池だけでも約2万

本もの茎や葉があり、寒い中大変な作業ですが毎年蓮の花を開花させるために必要不可欠とのこと。想像を超えるはす池管理の奥深さに驚きます。

地域の人々に愛される美しいはす池、一時は環境悪化で危機的状況にあったと言います。そしてこのハードなはす池の管理も、実は池の環境再生からスタートしていたことを教えてもらいました。

1人で始めた再生活動

武井さんがはす池での活動を始めたきっかけは何だったのでしょうか。

「ある日、ザリガニが釣れなくなったと池に遊びにきていた小学生から言われました。見ると池に浮き草が大量に繁殖して水面が真っ赤になっていました。調べてみると、それは特定外来生物のシダ植物アゾラ・クリスタータでした」。

桜小路公園（藤沢市）基本情報

団体名
桜小路公園愛護会

面積
4335m²

基本的な活動日
毎月1回

いつもの活動参加人数
6〜10人くらい

活動内容
ゴミ拾い、除草、低木の管理、花壇の管理、植物の水やり、施設の破損連絡、池の管理

設立時期
1987年

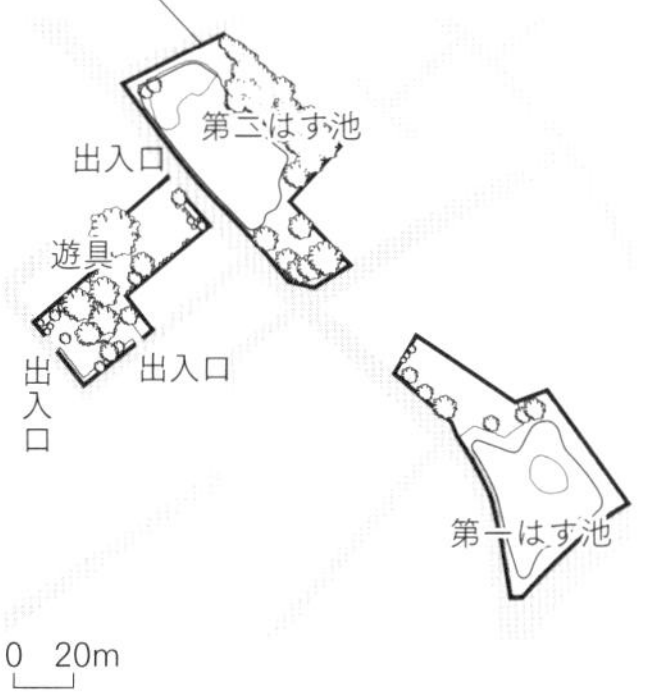

以前は水面が真っ赤で危機的状況だったが、今ではきれいな蓮が咲いています

何とかしないと、という気持ちで網を買って浮き草をすくって取り除き始めたそう。お仕事が近くで自営業ということもあり、朝、お昼休み…と隙間時間を見つけては少しずつ作業を始めました。

1人で始めた作業でしたが、武井さんが所属していた近隣の小中学校の保護者によるボランティア団体「鵠沼《くげぬま》おやじパトロール隊」のメンバーに手伝いをお願いし、また遊びに来る小学生たちも手伝ってくれたそうで、活動は徐々に広まっていきました。はす池の異常を察知し、池を守りたい！と1人でも行動する武井さんの強い気持ちと、はす池が地域でとても大切にされていることが伝わってきます。

おやじパトロール隊の活動、そして公園愛護会の活動へ

作業を続けていると、当時草刈りや清掃を行っていた公園愛護会から声がかかり入会することに。公園愛護会は1987年の公園設立後すぐにでき、草刈り・清掃活動を中心に続けられていました。当時の愛護会はシニア

特定外来生物のアゾラ・クリスターを駆除時の様子。大変な作業なのが伝わってきます

池から揚げた枯蓮を袋詰めする作業

見通しが良くなるよう剪定作業

第一はす池には透明感のある白にほんのり桃色が美しい舞妃蓮（まいひれん）という品種の蓮が咲きます

第二はす池には色濃いピンクが特徴の誠蓮（まことはす）という品種の蓮が

の方々が中心メンバーで活動していたこともあり、これを機に武井さんたちへ世代交代となりました。

現在の公園愛護会のメンバーは「鵠沼おやじパトロール隊」のメンバーや近所にお住まいの有志の方々。夏場は暑さを考慮して定例活動が朝の6時半からとかなり早朝ですが、皆さんはす池を守りたいという気持ちで参加されています。日中の個人活動時には遊びに来ていた子どもが手伝ってくれることもあるそうで、小学生がメンバーになりたい！と言ってくれる日も近いかもしれません。

地域に住むボランティアだからこそできるふるさとを守る活動

武井さんにとって昔から馴染みのある池とはいえ、特定外来生物の駆除となると専門的な知識が必要なのでは、と疑問が湧きます。

それに対し「アゾラ・クリスタータは乾燥に弱いのでひたすら網ですくったり、水ごと吸える掃除機で吸って、ガラ袋に詰めて乾燥させ、最終的には燃焼駆除もしました。市の公園課とも相談、協力し作業しています。完全に駆除しないとまた増えてしまうので根気良く向き合わなければなりません。やっつけ仕事ではできない、ボランティアだからこそできることだと思います」と武井さん。

その後、第一はす池は約6年、第二はす池は約3年かけてアゾラ・クリスタータの完全駆除を行いました。その年月から作業がいかに地道で根気のいるものなのか想像できます。

基本的には自分たちで試行錯誤しながら作業しているため、大変だったと振り返ります。ブログでその様子を記録されていますが、駆除の実績を見て、他の自治体の公園管理をする担当者から相談や問い合わせがくることも。地道でハードな作業も多いですが、世話をしたらその分だけ花が咲いてくれるのでそれがとても嬉しく、何にも代え難いやりがいにつながっているそうです。

12年かけて池を再生、環境再生はまだまだ続く

そもそもこの池は、1954年頃に藤沢市を流れる境川の洪水で、周辺の蓮田を飲み込んで池ができ、「はす池」と呼ばれるようになったそう。数年間は蓮の花が咲いたそうですが、その後は葉も出なくなっていました。それから数十年の時を経て、2014年アゾラ・クリスタータ駆除後に第一はす池に舞妃蓮という品種が新しく植えられることに。当初は3輪の開花でしたが、今や3000輪を超える花が開花し、人々を楽しませています。世代交代した愛護会のメンバーが池の環境再生に取り組み始めて、12年。12年前とは全く違った風景が広がっています。

また境川に生息していた藤沢メダカを守ろうとはす池に試験放流区も作られました。「最近は第二はす池の水が綺麗になってきたので、今後蛍が見られたらいいなあと思っています」と、笑って語ってくれた武井さん。

現在は新たな会長さんと交代し、桜小路公園愛護会は引き続き、地域のふるさとの姿を守ろうと活動を続けています。

生の蓮を楽しむ中国由来のイベント「観蓮会」

地域ととても密接な桜小路公園。公園近くの本鵠沼《ほんくげぬま》商店街とは昔から深いつながりがあるそうです。公園名にも入っている桜は、商店街の出資で植えられてきました。第一、第二はす池周辺で毎年きれいに咲いていています。

また地域の方による「はす池の自然を愛する会」という団体もあり、観蓮会というイベントも行われています。大人には蓮の葉の上にお酒やお茶を入れて、茎を通じて飲む中国由来の行事を。子どもたちが茎をストロー替わりにシャボン玉遊びをしたり、はす池ならではのユニークなイベントです。

こういったことがより地域の人々と公園の関わりを増やし、愛され親しみのある公園に育てているのでしょう。

公園掃除とイベントで楽しく三世代交流

稲荷公園（東村山市）

東京都東村山市の恩多町にある稲荷《いなり》公園で活動する、大岱《おんた》稲荷プロジェクトの皆さん。神社の横の公園を地域の交流の場にして多世代で楽しんでいます。この公園ボランティアのすごいところは、公園を再生させただけでなく、子ども向けのイベントを開催したり、５００人が集まる屋外音楽イベントまで実現させているところです。

近所のオヤジたちが立ち上げたボランティア活動

大岱稲荷プロジェクト代表の鈴木重彦さんにお話を伺いました。

「近所のオヤジで始めた「昔遊んだ公園をなんとかしたい」がだんだんと仲間を増やし、清掃活動＋イベントを定期的にするボランティア団体になりました。月一の活動で掃除活動＋子ども遊びイベント

地域の公園で、地域の人たちが演者であり観客となる音楽イベントを楽しむ。最高ですね

大岱稲荷プロジェクトの皆さん。東村山市役所や公園の指定管理の担当者も一緒に。まさに世代交流

子どもからも大人からもみんなに慕われている代表の鈴木重彦さん

ロープで作った長いブランコは、通称ハイジブランコ！奥にはターザンロープも。ターザンロープにまつわる話はこの後のコラムにて

大人も本気で楽しんでいるのが大岱稲荷プロジェクトのいいところ。ダンボールで手作りした打楽器「サンバコ」で、サンバのリズムを陽気に奏でます

稲荷公園（東村山市）基本情報

団体名
大岱稲荷プロジェクト

面積
3586 m²

基本的な活動日
毎月第4日曜日

いつもの活動参加人数
10〜20人（スタッフ）＋参加者10〜20人

活動内容
ゴミ拾い、除草、低木の管理、花壇の管理、植物の水やり、施設の破損連絡、新メンバーの募集や勧誘、地域のイベント、子ども向けイベント、他団体と連携したイベント、公園再整備に関する活動

設立時期
2013年

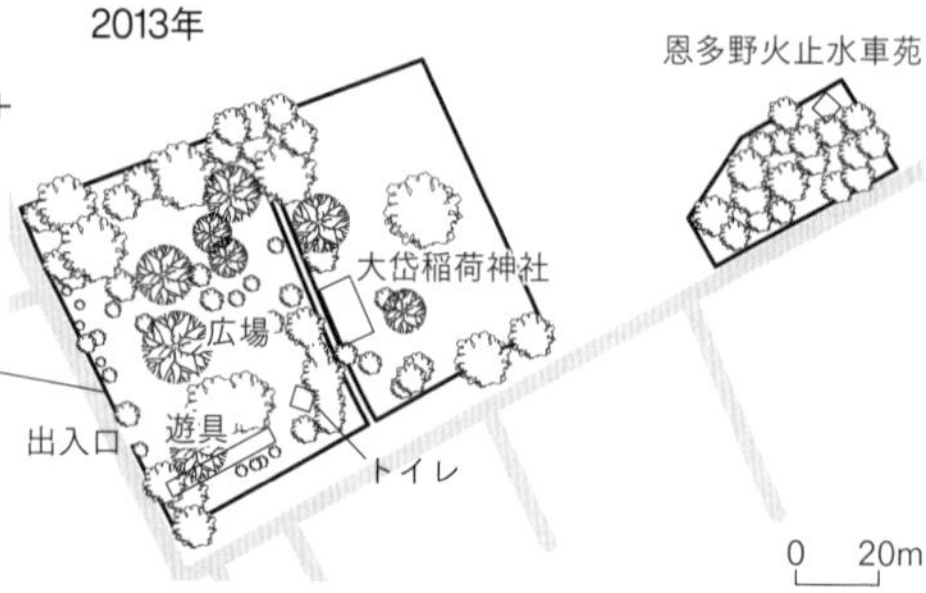

を開催、年1回大きなイベント開催するようになり、そんな中で地域の理解、協力も得られ、市との協定書を結ぶことにもなりました」。

大岱稲荷神社に隣接する稲荷公園。大きな木が多く、かつて鈴木さんが子どもの頃には、ブランコで靴飛ばしをして遊ぶような場所だったそうです。しかし大人になって行ってみると、遊具は老朽化により撤去され、フェンス沿いの木がうっそうとしていて、誰もいない暗い公園になっていました。

そんな稲荷公園の状況をどうにかしようと、2012年東村山市役所みどりと公園課と地域の人で行われた会議に参加したのが、きっかけだったと当時を振り返ります。

お父さん仲間やご近所さんを中心に、まずは定期的に掃除だけでもやってみようと、活動をスタート。大岱稲荷三世代交流、略して「おいなりさん」という名前をつけて稲荷公園でのボランティア活動が始まりました。

お父さん仲間には、いろいろなボランティアのお手伝いをしているメンバーもいるため、毎回様々な分野のプロフェッショ

ナルを呼んできて、花壇づくりや、プレーパーク、大きな木を活かしたロープ遊びなどを開催。公園であんなことできるかな?、こんなことできるかな?とみんなで知恵を出し合い、実験をしながら、楽しい活動を増やしていきました。

音楽イベントは500人もの大賑わい!

そんな中、東村山のまちのあちこちで音楽ライブが行われるイベント「まちジャム」を同級生が企画しているという話が届きます。アカペラで市の産業まつりに出演するなど、ご自身も音楽の活動をしていた鈴木さんは、まちジャムの屋外ステージとして、稲荷公園で音楽イベントができるんじゃないか?と考え、提案。みんなで一緒に準備を進め、大きなイベントが実現しました。

音楽ライブステージに、親子でロープ遊びができるミニプレーパーク、花壇のお手入れ、飲食ブースなど、とても賑やかな1日に。反響も大きく、毎年やりたい!という声も多かったそうです。

その後、夏の大きな音楽イベントは、「おいなりサマー」として定着していきました。

コロナ禍でしばらく大きなイベントはお休みしていたおいなりさんも、毎月の三世代交流の活動を続けながら、2022年には、3年ぶりにフルスペックのお祭りが復活しました。

ボランティアでもできる限りのことをやって、地域に活気を取り戻したい!と、音楽ステージに、ワークショップコーナー、ロープ遊びに、キッチンカーなど盛りだくさん。イベント前には、1時間の公園掃除も行っています。

10月の日曜日に行われたお祭りの名前は「おいなりサンデー」。ここでもネーミングのセンスが光り

モノづくりワークショップ。ステキなおうちがたくさんできました

子どもに人気の落ち葉プール。もぐってみたり、ジャンプしたり、落ち葉の雨を降らせたり！

ます。良いお天気の中、なんとおよそ５００人もの人が訪れて楽しい時間を過ごしたそうです。

毎月の活動は、掃除＋子ども遊びイベント

毎月の活動は、「午前中に公園掃除、午後は子ども遊び」というのが基本メニュー。

公園掃除は、草取りや落ち葉掃き、花壇のお手入れなどがメイン。フェンスは黒く塗ると見通しが良くなると教えてもらい、フェンスのペンキも塗りました。稲荷公園の近くにある恩《おん》多《た》野《の》火《び》止《どめ》水車苑《すいしゃえん》で、水車の取水口の掃除なども行っています。公園に限らず、近くの公共の場である水車の場所まで範囲を広げて活動しています。

稲荷公園は大きな木が多いので、落ち葉も大量。ここでは、落ち葉も有効活用しています。まずは、集めた落ち葉で子どもたちが思いっきり遊べるように、落ち葉プールを作ります。さんざん遊び尽くしたあとは、堆肥にするために、場所を移動してじっくり熟成という、２段階の活用です。大量の落ち葉の移動は、大人の男性７人でやっと運べるほど重かったそうです。

子ども遊びイベントの時間は、ロープで作るハイジブランコやターザン

水車苑のベンチ。座面が広くて座り心地が良いそうです。丸いテーブルも愛らしい

水車苑の看板づくりでは、造形教室をやっているメンバーが活躍！

ロープ、モノづくりワークショップなど毎月楽しい企画を考えています。親子で遊びに来る人も多く、ロープ遊びのある日を狙って公園に遊びに来るリピーターファンもいるんだとか。

鈴木さんが大きな木とロープを使って作るブランコやターザンロープ、吊り橋などの遊具は、子どもたちに大人気で、いつもの公園が非日常に変わる魔法のようです。「生まれてきてサイコーだよ！」と本当に楽しそうに目を輝かせる子どもや、子どもたちはもちろん親も喜んでいる姿を見ると、やっててよかったなあと、活動の喜びを実感。多くの良い反応が、やりがいや楽しみにつながっていることを話してくれました。

最近では、キッチンカーを月活動の時にも呼ぶようにしたというお話も。これまでは、午前と午後の活動の間に、一旦家に帰って、お昼を食べてもう一度集まるというのが少しハードルだったのが、飲食があることで、公園で長い時間を過ごす人が増えて、賑わっているそうです。

「キッチンカーと公園は相性が良いですよね」と話してくださった鈴木さん。占用許可を年間計画で申請して実施。キッチンカーを目当てに公園を訪れる人もいるそうで、公園がますます地域の人が出会い交わる場になっています。

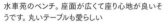

寄付を集めて「みんなのベンチ」を設置

稲荷公園では、かつて木製のベンチがありましたが、朽ちて破損した後、撤去されたままでした。公園にベンチがあれば、座ってゆっくりできる人が増えるという声もあり、地域の福祉協力員さんの発案で、寄付を集めてベンチを作るプロジェクトが立ち上がりました。

寄付を募ってみると、活動のことを知ってはいるものの、なかなか参加できる機会がなかったという人も、寄付なら！と気持ち良く賛同してもらえたというエピソードも。公園への関わり方の幅が広がるプロジェクトになりました。

このように地域の人に寄付を募って、市内の公園の伐採した木を素材に、地元の工務店と協力して作る「みんなのベンチ」。近くにある稲荷公園と水車苑、それぞれにどんなベンチがいいかを話し合い、みんなの意見を取り入れて、それぞれの場所に合ったデザインのベンチができました。水車苑のベンチには、飲みものなどをちょっと置けるような小さなテーブルもつきました。

「ベンチがあると、みんな座って休んでくれるんですよね」と嬉しそうに話してくださった鈴木さん。その後、水舎苑には市の伐採木を使った手づくりの看板を設置したり、活動はどんどん広がります。

ベンチのデザインから制作に至る様子や、水車苑の看板づくりの詳しいお話は、東村山市の公園指定管理グループのnoteでも紹介されています。

神社や自治会、市役所ともしっかり連携して実現

これほどまでに様々な活動ができた背景には、大岱稲荷プロジェクトのメンバーの皆さんのエネル

ギーはもちろんですが、神社や自治会、市役所などとの連携がキーになっています。

「神社や自治会とのつながりは、地元で気持ち良くやるには大事なことなんですよね」と話してくださった鈴木さん。公園での大きな音楽イベントを実施して学んだことは、地域の協力を得ることの大切さ。申請や許可手続きなどの事務とは別に、神社や自治会にきちんと事前に話をしておくことが、クレームや対立を防ぎ、地域での理解や協力を得ていくためのポイントだと教えてくれました。

音楽イベントのステージでも、初めには大岱稲荷神社祭囃子保存会の皆さんに出てもらって、神社に代々伝わる祭囃子を披露してもらっています。お互いに良い関係が築けているようです。

市役所のバックアップも大切です。特に活動を始めた当初は、市役所も当時のみどりと公園課の担当者が一緒になって「やってみよう」と進めていけたことが大きかったとのこと。その後、2020年からは、稲荷公園を様々な人が集える地域拠点とすることを目的に、市と協定を結び、掃除道具の提供や、イベント時の備品の貸出、チラシの印刷などで市の協力を得られる体制になりました。

「誰でも来ていいよ！」と仲間を増やしながら、「来るもの拒まず、去るもの追わず」でやってきた大岱稲荷プロジェクトは、スタートから10年が経過しました。今後についてお聞きすると、一番の目標は続けること。あと、今年は公園でのボール遊びについて考えていると教えてくれました。きっかけは、公園内のフェンスに最近「ボール遊び禁止」という貼り紙が貼られたこと。時間やルールを決めるなどして、誰かに迷惑をかけなければできるはずと、ボール遊びの会を実験的にやってみようと考えているそうです。

「誰もが楽しく遊べる場所。公園を本来の姿に戻すことをやっていきたい」と話してくれた鈴木さん。大岱稲荷三世代交流＝おいなりさんは、まだまだ進化を続けていきそうです。

公園を育てるパイオニアたちが、ユニークな活動ができている理由

いかがでしたでしょうか？　いい意味で、公園ボランティアへの固定概念が崩れてきたのではないでしょうか。公園ボランティアにはたくさんの可能性があります。パイオニアたちのやってきたことは、公園という場所を活かすために、近隣の方々が集まることで、「こうだったらいいのになあ」という想いを形にしてきた事例です。

公園ボランティアは公園という狭いエリアだからこそ、想いのある人たちが集まりやすく、公園を良くしよう、気持ち良い場所にしようという目的で定期的に集まることで、時間をかけてボランティア同士の結束が育ちやすい仕組みとなっています。

また、こうして公園ボランティアの先人たちが、いろいろな新しい事例を実現できているのは、「いつも公園をきれいにしてきたあの人たちなら、安心できるよね」という信頼構築が地域でできあがっているからこそだと思います。普段からみんなの共有の場所である「公園」をきれいにしていることで徳を積んでいるのかもしれません。

大きなことや、新しいことを実現する事例の陰には、日々の地道な活動がしっかりと根を張っています。

私の
推し公園

子どもの頃遊んだ公園で、遊びを提供する側に

鈴木重彦　メーカーの技術職、稲荷公園（東村山市）で活動する大岱稲荷プロジェクト代表。清掃維持活動だけでなく、様々な人が交流するイベントを開催。

子どもの頃ブランコで靴飛ばしをして遊んでいた公園が、大人になって近くに引っ越して来たら誰も近寄らないうっそうとした公園になっていました。何とかしよう！と元気なパパ友から声がかかり、市役所と一緒に検討を重ね、維持活動をメインとする公園ボランティアが始まりました。

清掃だけでなく、様々なゲストを迎え実験的なイベントを繰り返す中で、公園内でやりたいことがだんだんと形作られてきました。その中の1つがロープ遊びです。

初めは、プロフェッショナルな方に来てもらい、道具も貸してもらい、おんぶにだっこ状態でロープ遊びを実現していましたが、ある時、その先生から「もうこの先は協力できない」と言われ途絶えることに。そこで「これを自分でやらなければ」と気持ちを切り替え、真剣に相談するうちに先生からアドバイスをもらえるようになり、道具を揃え、やり方を勉強して、ターザンロープを自分で張り、再開することができました。初めてターザンロープを自分で張れた時は感動モノでした。先生から「これであなたも立派な道楽者です」と言われたのが嬉しかったのをよく覚えています。

自分でやるようになってからはいろいろ大変でした。都度お手伝いを探す、安全への気配りも必要だし後継者育成も必要です。ですが少しずつ協力者も増え、何とかなるようになりました。そして何より嬉しいのは子どもたちが楽しそうに遊んでいる姿を見ること。以前、ターザンロープで遊んでいる子があまりに楽しくて気持ちが昂っちゃって「もう今までの人生で一番楽しいよ！」と叫んでいて、当時は笑ってしまったのですがこれは最高の褒め言葉だったなあと今でも思っています。これがあるからやめられないんでしょうね。

子どもの頃ブランコで靴飛ばしをしていた子どもが大人になって戻ってきた公園にはすでにブランコがなく、そこに自分でブランコやターザンロープで遊びを提供する立場になっているって、何かの導きなのかもしれません。やはりお隣の神社のパワーかな。

楽しそうに遊ぶ子どもと見守る大人たち

わたしたちも活動しています！

それぞれの詳しい活動は
ウェブで紹介しています
https://park-friends.org/

企業が公園ボランティアで地域活動
はなみずき公園（茅ヶ崎市）

1人でスタート、
今では多様性あるチームで団体表彰！
大通り公園水の広場（横浜市）

広げたい！ 私たちが愛する水辺の魅力
東横堀緑道（大阪市）

桜を囲んでみんなが集まる愛される公園に
平和町第二公園（茅ヶ崎市）

自然の森を守り優しい循環をつくる
三井の森公園（東京都杉並区）

花壇でつながる地域の輪
大倉山公園（横浜市）

公園掃除は貴重なコミュニケーションの場です!!
東小橋北公園（大阪市）

保育園がやっている公園愛護会！
古小烏公園（福岡市）

3章 公園ボランティアのすすめ

安全・安心・楽しいまちの庭づくり

公園ボランティアとは

皆さんは公園でボランティア活動をしている人を見かけたことはありますか？　ゴミ拾いや草取り・落ち葉掃きなどの活動を直接見る機会がなくても、公園に花壇があったら、そのお世話をしているのは地域の公園ボランティアの人たちという場合がほとんどなので、案外気がついていないだけで、公園ボランティアは私たちのすぐそばに存在しています。

このような公園ボランティア活動は、それぞれ公園を管理する自治体と市民の協力で成り立っています。公園が気持ち良い場所であるよう、地域の人が活動を行い、行政がその活動を認め支援する協働の形です。

「公園愛護会」や「公園アダプト」「公園里親」など、各地で様々な名称の制度がありますが、私たちはまとめて「公園ボランティア」と呼んでいます。

なぜいろいろな名前なのかというと、内容や方法も市区町村ごとに違うから。というのも、全国に11万カ所ある公園のうち9万を占める街区公園をはじめ、地域の公園は市区町村ごとに設置・管理されています。そのため公園で活動するボランティアの支援についても、自治体ごとに制度が作られてきました。新しく公園ができる時に、ボランティア団体の結成を積極的にサポートしている自治体もあります。

日本での公園ボランティアの歴史を調べてみると、1950年頃には、各地で個別の公園で地域住民が自主的な管理活動をしていた例や、地元の小中学生が当番制少年管理人となっていた例もあるようです。その後1961年に横浜市と京都市で公園愛護会制度がスタート、翌年の建設省通達によって、多くの自治体に公園愛護会制度ができていった（参考：金子忠一・内山正男「都市公園の管理体制についての研究」）ということで、60年ほどの間にそれぞれの地域にあった形で制度が作られ運用されてきました。

このように、公園ボランティアは自治体ごとにそれぞれ事情が異なるので、全国的にはどうなっているんだろう？、地域による特徴や傾向はあるのかな？という好奇心をもとに、みんなの公園愛護会では全国の自治体と公園ボランティアの担い手団体を対象に、公園ボランティア実態調査を行いました。調査結果はすべてみんなの公園愛護会のウェブサイトでレポートを公開していますので、興味がある方は見ていただければと思いますが、2021年に行った全国の自治体へのアンケート調査では、北海道から沖縄まで全国264自治体に公園ボランティア制度があること、また制度がなくても多くの自治体で、自治会町内会などの地域の人が公園の維持管理に参加していることがわかっています。制度の有無に関わらず、何十年も前から暮らしのそばにある公園は地域の人々の手で守られていることがわかります。

お金？　モノ？　サポート内容は自治体ごとに違う

自治体ごとに制度が設計・運用されているので、公園ボランティアへのサポート内容も自治体ごとに違っています。公園ボランティア制度のある全国の自治体を対象にした調査で、公園ボランティアに対する支援内容について聞いたところ、「お金で支援」と「物品で支援」がそれぞれ40％ずつ、お金と物品の両方で支援するパターンも15％ありました。

お金の支援については「報奨金」「交付金」「活動費」など、それぞれ自治体ごとに呼び名やルールが異なる場合が多いのですが、金額は面積に応じて設定されたり、基本料金に面積や活動内容で加算がついたりなどの方法で算出され支給されています。

物品での支援については、ゴミ袋や清掃道具、花苗の支給などが主流です。お金や物品以外にも、技術支援や情報提供、保健の加入、相談窓口など、様々な支援が行われています。

よくあるサポート

公園ボランティアへのサポートで最も多いのは、ゴミの回収です。その他、ゴミ袋の提供、ボランティア保険への加入、清掃道具の貸出や支給、花苗の提供、土や肥料の提供、ボランティア看板の設置などのサポートが定番です。

行政から公園ボランティアへの支援・サポートについて

Q: 制度に基づく支援策がある場合、支援内容を教えてください

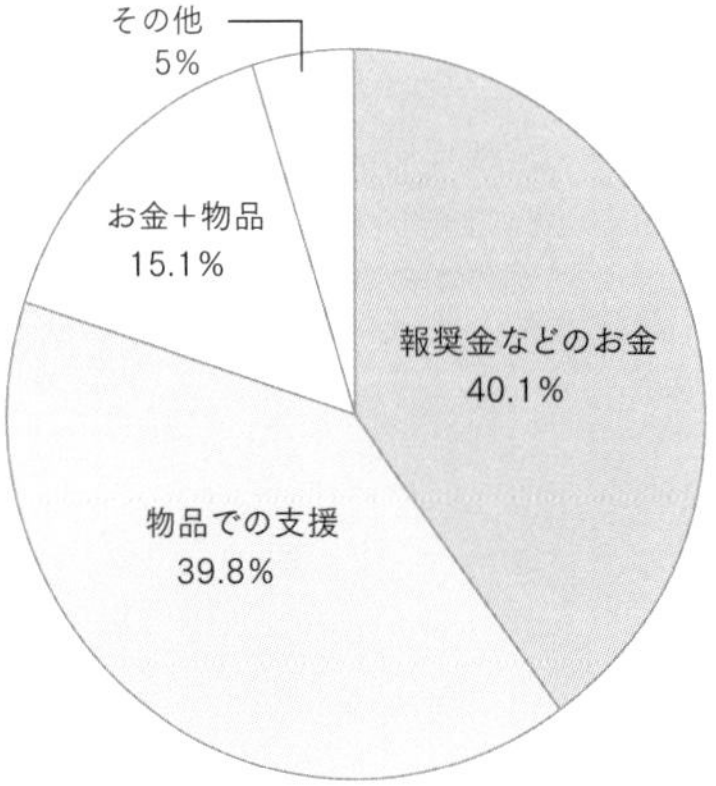

自治体による支援のタイプ（出典：みんなの公園愛護会「公園ボランティア実態調査2021 全国自治体編」）

Q：行政が支援金以外で、公園での市民ボランティアに対し行っているサポート内容として該当するものをすべて教えてください（複数選択可）

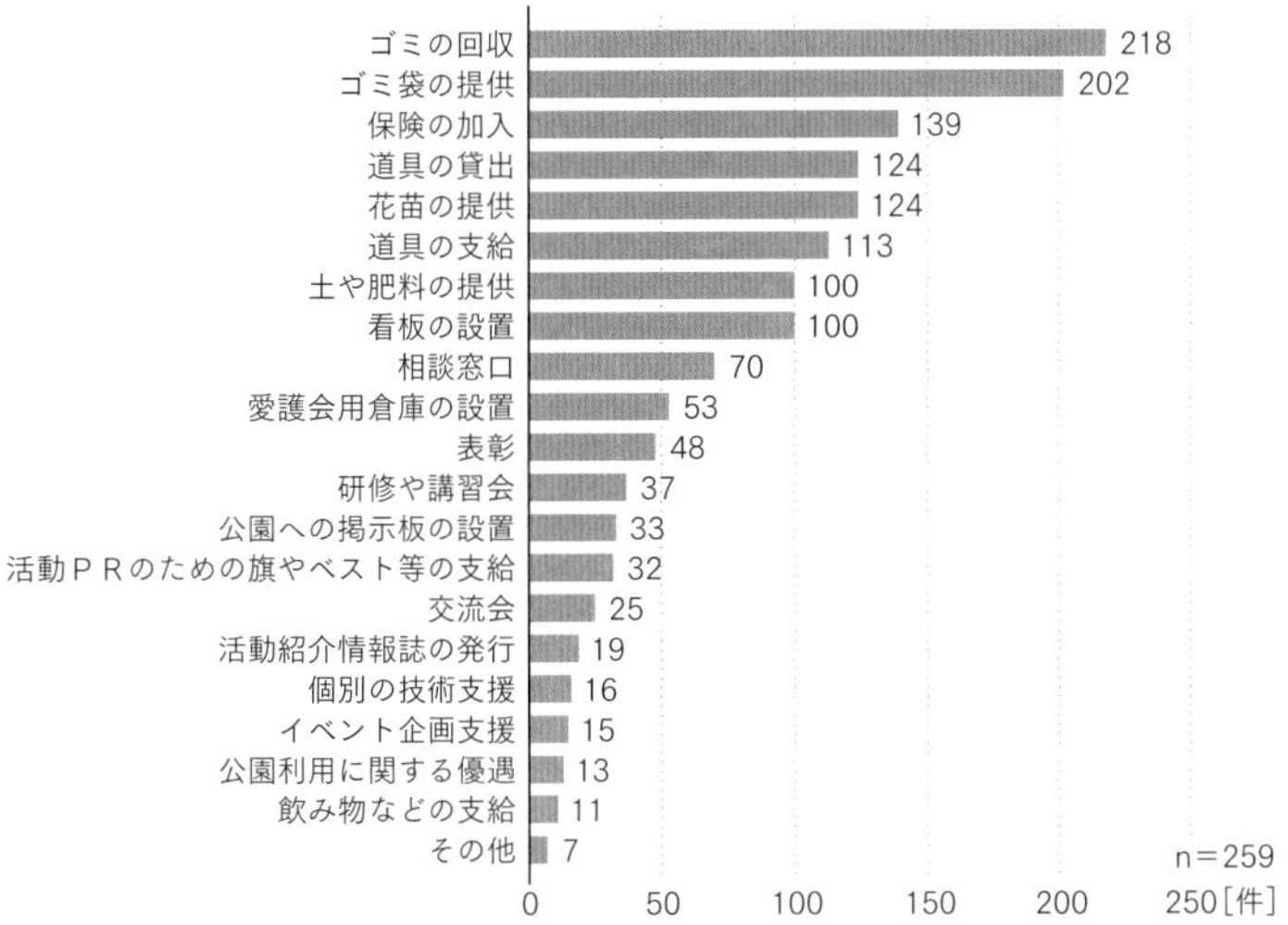

自治体による様々なサポート（出典：みんなの公園愛護会「公園ボランティア実態調査2021 全国自治体編」）

自治体によっては、公園ボランティア活動に必要な道具を入れておく倉庫の設置や、活動ＰＲのための旗や帽子などのグッズ支給、公園ボランティアが活動報告などに自由に使える掲示板の設置支援などもあります。また、研修や講習会に参加できたり、出張剪定講座などの個別技術支援が受けられたり、イベント企画支援や相談、公園利用に関する優遇が受けられるケースもあります。活動する上でのコツや他のグループの活動を紹介する情報誌の発行や、活動を讃える表彰、公園ボランティアの担い手同士の交流会など、公園清掃や花育て活動にとどまらない、活動そのものを楽しめるサポートも行われています。

市区町村からのサポート以外に、都道府県や企業などが行う支援もあり、公園は多くの人たちの協働の舞台にもなっています。

活動時の保険

公園ボランティアで、高所での作業など危険な作業を行わないのは、安全対策として当然ですが、事故が起こった場合については、自治体側で保険に加入している場合がほとんどです。たとえば、ゴミ回収の時のケガや、蜂に刺されてしまった、作業中に誤って駐車中の車に傷をつけてしまったなど、ケガや物損に対しての保険があるのは助かります。公園ボランティアを始める際には、自分たちの自治体の保険の内容や手続きに関して確認しておくことをおすすめします。

道具類の物品支援

公園のお手入れ作業を行うには、道具が必要になります。活動に必要な道具や物品の支給や貸出をしている自治体も多くあります。たとえば、竹ボウキ・熊手・てみ・鎌などの道具や、ゴミ袋などの消耗品の支給です。毎年決まった時期に申請できるケースもあれば、活動登録時に支給されるなど、支給のタイミングはそれぞれです。活動開始時、道具一式の支給と一緒に道具を入れておくための倉庫を設置してくれる自治体もあります。落ち葉掃除に便利なブロワーや、草刈り機の貸出を行っている自治体もあります。

花苗の提供

公園に植える花の苗を支給してくれる自治体もあります。一般的によくあるのは、春と秋の年2回、自治体の用意するリストの中から希望する花苗を選んでリクエストし、指定の場所まで取りに行くというもの。主にパンジーやビオラ、マリーゴールドなどポピュラーな一年草の花が多く、公園を華やかに彩ってくれます。花苗の他、チューリップなどの球根の支給があるケースもあります。

活動PRグッズの支給

公園ボランティアの活動をしている時に、公園を利用する方や周辺地域の方に、公園愛護活動中であることを広報するためのグッズがあると便利です。自治体によっては、帽子や腕章、移動式の看板やのぼり旗を用意している場合があるので活用することをおすすめします。ボランティア活動として行っていることを知ってもらえることで、怪しまれず、公園を利用している方から声をかけてもらうことが増えたり、参加する方が出てきたりと効果的です。

公園内に掲示する参加者募集ポスターの雛形を提供している自治体もあります。ワードで作成されているので、自分たちで自由に編集してプリントアウトできるのは助かりますね。

参加者募集のお知らせポスターの雛形。こちらも横浜市

横浜市の公園愛護会活動中の移動式看板。横浜市には公園愛護会をPRするキャラクターがいる

講習などの技術支援

ボランティア向けの技術支援の講習会を行っている自治体もあります。たとえば、横浜市では公園の維持管理の技術・知識を持つ職員が公園に出向いて講習会を行ってくれているそうです。横浜市の技術支援メニューには以下のものがあります。①花壇づくり支援（花壇枠づくり、花壇の手入れ方法）、②中低木の管理講習（道具の使い方や樹木管理の方法）、③草刈り機の安全講習、④堆肥置場づくり支援（作成・切り返し方法講習）、⑤樹名板づくり支援、⑥ドラム缶の利用講習・貸出（薪の組み方、使用後の灰の処理方法など。受講者には公園での焼き芋づくりに使用できるドラム缶の貸出）といった技術講習メニューがあります。

技術支援があることで、できることが増えるし、自分たちのスキルアップにもつながるので、公園ボランティア活動にとって本当に力強いですよね。

表彰・交流会

公園を育てる活動である公園ボランティア。表彰されることを目的としてやっているわけではないものの、長年縁の下の力持ちとして公園を支えていることを誰かに認めてもらえるのは嬉しいもので

ツツジの剪定講習。剪定のポイントから道具の使い方やお手入れの方法まで学べます

す。自治体によっては、表彰制度があり、表彰式では他のボランティア団体との交流もできる場を設けています。

表彰の基準は様々ですが、たとえば活動継続10年の個人や団体、公園を活用した魅力あるまちづくりに努める団体、自然環境や緑の保全に努める団体など。自治体担当者が推薦する場合もあれば、公園ボランティア同士で話し合って表彰団体を決めている場合もあります。

公園のある市区町村の表彰とは別に、国土交通省でも「みどりの愛護」功労者国土交通大臣表彰を行っています。位置づけとしては「花とみどりの愛護に顕著な功績のあった民間の団体に対し、その功績を讃え、国民的運動としての緑化推進活動の模範として表彰する」として、2023年には全国から88団体が受賞しています。

高木の剪定や公園設備の管理、病害虫の駆除

公園ボランティアで対処するのが難しく、高所で危険なものなどは、行政側で対処してもらえるケースがほとんどです。樹木（高木）の剪定や、民地への越境する枝や見通しを悪くしてしまっている枝などです。季節と樹木の種類などにより、時期を決めて対応していることもあるので、自治体に相談してみてください。

公園にある電灯類の球切れ、公園設備の破損なども、行政側が修繕してくれます。とはいえ、行政側でいつも確認できているわけでないので、日々公園を育てている公園ボランティアの皆さんが、気がついたことがあれば早めに行政の担当者の方に連絡しておいてもらうと、先方も助かると思います。また、病害虫の駆除なども行政側で対処してもらえるケースがほとんどです。自治体の職員が現地で状況を確認したうえで、必要に応じて被害を受けた部分の剪定や捕殺を行ってくれます。

誰でもできる！公園ボランティアの始め方

誰でも参加できるの？

公園ボランティア活動は基本的に誰でも参加OK！　たとえば、まちの庭である公園のゴミ拾いなら、極端な話今日からでも始められます。ただ、ゴミの回収をはじめサポートを受けた方が継続的に活動しやすかったり、草木のことなど関われる範囲が広がったりするので、役所の登録団体として活動するのがオススメです。ここでは、96ページの「推しの公園活動の始め方・楽しみ方」のようにお気に入りの公園や好きなことを軸に推しの公園をもち楽しむための入口を考えてみました。もちろんこれは一例で、とにかく活動は、いつでも、誰でも、1人でも参加できるということです。

どうやって始めよう？

掃除や花の手入れをしている人に話しかけてみよう

最初の一歩としてオススメなのが、公園掃除や花の手入れをしている人を見つけたら話しかけてみること。活動に参加する／しないに関わらず、まずはコミュニケーションを取ってみましょう。「お花きれいですね」「暑いですね、いつもごくろうさまです」といったシンプルな言葉のやりとりでも、活動をしている人たちにとっては、喜びにつながったりもするので、一石二鳥です。活動の内容や時間のことを聞いたりして、参加してみたいなと思ったら、希望を伝えて、参加してみましょう。町内会が主体となって活動する団体では保険の関係などで町内会の加入者以外は参加が難しいケースもあったりしますが、きっと歓迎されることでしょう。

気になる公園を観察してみよう

お気に入りの公園がある人は、公園をよく観察してみましょう。公園に花壇があれば、ボランティア活動がある証。その他にも、こまめにゴミが拾われていたり、草刈りが行われていたりするようなら、公園ボランティア活動がありそうです。公園や近くの掲示板に次回の活動日の案内があれば、一度参加

推しの公園活動の始め方・楽しみ方

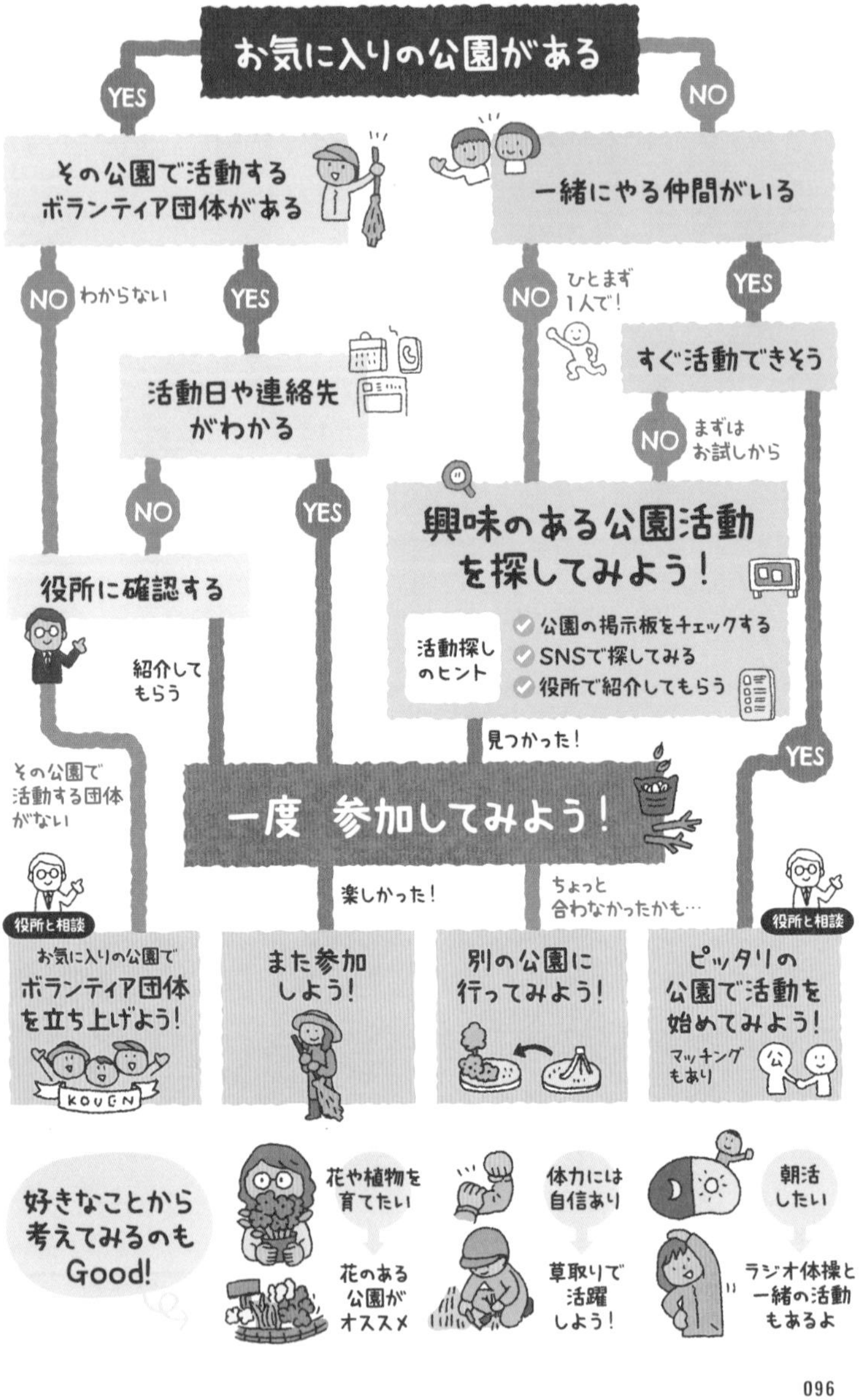

お気に入りの公園がある
YES
その公園で活動する
ボランティア団体がある
NO
わからない
役所に確認する
その公園で
活動する団体
がない
役所と相談
お気に入りの公園で
ボランティア団体
を立ち上げよう!
KOUEN
YES
活動日や連絡先
がわかる
NO
紹介して
もらう
YES
NO
一緒にやる仲間がいる
NO
ひとまず
1人で!
YES
すぐ活動できそう
NO
まずは
お試しから
興味のある公園活動
を探してみよう!
活動探し
のヒント
公園の掲示板をチェックする
SNSで探してみる
役所で紹介してもらう
見つかった!
YES
一度 参加してみよう!
楽しかった!
また参加
しよう!
ちょっと
合わなかったかも…
別の公園に
行ってみよう!
役所と相談
ピッタリの
公園で活動を
始めてみよう!
マッチング
もあり
公
好きなことから
考えてみるのも
Good!
花や植物を
育てたい
花のある
公園が
オススメ
体力には
自信あり
草取りで
活躍
しよう!
朝活
したい
ラジオ体操と
一緒の活動
もあるよ

してみるのもいいですね。

イベントに参加してみよう

公園によっては、自然遊びや花植え体験、オープンガーデン、バザー、たけのこ掘り、焼き芋大会など、公園ボランティア主催のイベントが行われていることも。そういうお知らせを見つけたら、チャンスです！　気軽にアクセスできるイベントは、公園ボランティアを楽しむ人と出会える機会であると同時に、その団体の個性や大切にしているものがわかります。一斉清掃や草取り大会も立派なイベントです。

まずは一度参加してみよう

近くの公園で活動の案内を見つけたら、まずは一度参加してみましょう。春夏は草取り、秋冬は落ち葉掃除など、季節によって活動の内容が変わってきますが、基本的に作業は簡単なものがほとんどです。作業に没頭したり、作業をしながら他の参加者とおしゃべりしたり、結構楽しいものです。終わった後の達成感と爽快感は、やった人にしか味わえないひと時です。

楽しかったらまた次の機会に参加すれば良いし、ちょっと合わなかったなと思ったら、別の公園での活動に参加してみるのも一案です。公園が1つ1つ違うように、公園ボランティアも、やり方や考え方、メンバーの雰囲気などそれぞれですので、自分に合うところを見つけられるといいですね。

家族みんなで参加するとか、友達みんなで参加するのも楽しいイベントになります。たとえ年1回の参加でも毎年のお楽しみとして継続するのも良いでしょう。全く関わらないよりも、少しずつでも関わり続ける人が増えることで、公園が良き場所であり続けられるでしょう。

役所に聞いてみよう

お気に入りの公園にどうやらボランティア活動がありそうだとわかったものの、いつどんな人が活動しているのかわからない場合は、役所に聞いてみるのも一案です。自治体によっては公園ボランティア制度の内容と一緒に活動のある公園の一覧をホームページで紹介していることもあります。参加してみたいと伝えれば、団体とつないでくれることもあるでしょう。特定の公園を受け持って活動する団体とは別に、個人で登録して参加するスタイルのボランティア活動もあるので、自分に合った活動が見つかるかもしれません。

新しく立ち上げてみる

お気に入りの公園にボランティア活動がない場合や、すでに一緒に活動する仲間がいる場合は、新しく立ち上げてみるのもいいでしょう。

そもそも自分のまちに公園ボランティア制度があるか、どんな内容の支援が行われているのか、活動するための条件（人数や活動の頻度など）、必要な手続きなども自治体のホームページに掲載されていることが多いので、一度調べてから問い合わせをするとスムーズです。

対象の公園が決まっていない場合は、活動できる公園や活動におすすめの公園を役所がマッチングしてくれるケースもあります。花壇づくりをしたい、広めの公園でスポーツや趣味の活動をしながら公園ボランティア活動もしたいなど、具体的な活動のイメージを相談してみるのも良さそうです。

公園愛護会などの公園ボランティア制度に登録することで、公園の維持管理に関する要望も役所との連絡がしやすくなり、フェンスなど設備の破損や、樹木の剪定による見通しの安全確保などが迅速に対応された例もあります。

気がついた時に個人でプチ愛護活動

公園ボランティア活動は、公園を管理する自治体への登録をすることで、活動の承認と支援が受けられることをこれまで書いてきましたが、どこかの団体に参加するのは気が乗らない、かといって新しく登録するのも面倒！という人もいるかと思います。そんなあなたは、気がついた時にゴミ拾いをするだけというプチ愛護活動をどうぞ。

たとえば、ゴミ拾い活動を写真つきで投稿するゴミ拾いSNS「ピリカ」や、公園の様子を投稿するみんなでつくる公園情報アプリ「PARKFUL《パークフル》」に、活動を投稿すれば、SNSでゆるやかにつながりを持ちながら楽しく続けられそうです。

このように、推しの公園を持ち守り育てる活動は、様々な形があり、様々な関わり方があります。子どもからシニアまで多くの人がやっていることから、地域の人々とともに暮らしをちょっと豊かにする趣味の1つとして、長く続けていくこともできそうです。自分のライフスタイルに合った「推しの公園活動」を探していろいろ試してみるのもいいですね。

私の推し公園

息子のためが、今では自分の趣味に

木村宏治　高谷下公園愛護会（藤沢市）代表。清掃、ラジオ体操、かけっこ教室、フリーマーケット、花壇づくりなどを楽しく仕掛ける会社員。

私の公園活動は、息子3人と一緒に成長してきました。長男が公園デビューした頃の公園は「針金が飛び出しているフェンス」「片側に座るとシーソーのように持ち上がるベンチ」「塗装が剥がれて手に刺さる遊具」など危険を感じる場所がいくつもありました。何度も子どもたちは公園でケガをしました。それも経験だとは思いますが、公園の中で子どもたちを自由に遊ばせたいからこそ、最低限の安全確保は自分の仕事だと思い、三男の公園デビューを機に愛護会を設立しました。

フェンスの編み直しや老朽化したベンチの手入れなど自分でできそうな範囲から始め、自分では手に負えない大きな破損は市へ報告しました。活動を始めて1年ほど後には、市の修繕工事も入りだして気になっていた公園内の問題が解消されました。市とやりとりを繰り返すうちに、何百もの公園を管理する市は各公園の問題を把握することが難しく、それを日々の利用者が担えば公園はより安全で快適な場所になるということがわかりました。

最近は「公園をもっと楽しむ方法はないだろうか」と考えています。公園利用者にも意見を聞きたいと思い、「公園総選挙」の開催を思いつきました。公園を楽しむアイデア候補を愛護会倉庫に並べて掲示し、公園利用者にシールで投票してもらう仕組みです。この総選挙の結果、ラジオ体操、フリーマーケット、かけっこ教室、花壇づくりなど、様々なアイデアの実現につながりました。次回は、利用者からもアイデアを募りたいと思っています。

毎週ラジオ体操やかけっこ教室の参加者と一緒にゴミ拾いをするので、月に1回の大掃除をしなくてもよくなりました。ゴミ拾いも楽しいイベントの1つです。最近はゴミ不足により、公園の外まで「ゴミ拾いランニング」をしています。

私が公園愛護会を始めたきっかけは、息子のためでした。今は自分のために趣味として活動しています。公園での活動を通じて地域の多くの人たちとのつながりを楽しんでいます。

総選挙の結果始まったみんなでラジオ体操。参加者とのゴミ拾いも楽しむ

4章 大人も子どもも面白がれる！ボランティア活動のコツ

草花や低木のお手入れ
おすすめ道具

移植ゴテ
これぞ花植えの基本アイテム！
幅の細いものや先の尖ったもの、
柄の長いものなど
種類も豊富

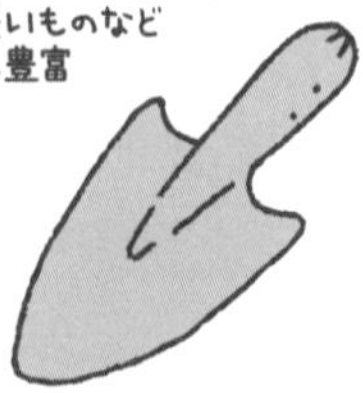

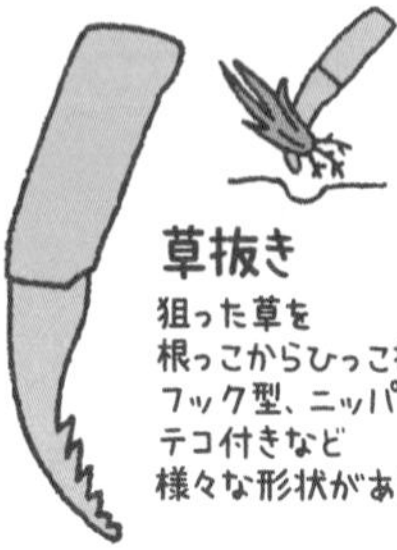

草抜き
狙った草を
根っこからひっこ抜く。
フック型、ニッパー型、
テコ付きなど
様々な形状がある

芽切りバサミ
花や茎など細い
ところも切りやすい

剪定バサミ
低木のお手入れや
少し太い枝にはこれ

草刈り鎌
目的に応じて
サイズもいろいろ、
折りたたみ式なら
公園内での
持ち運びや
保管も安心

ハンドフォーク
土をほぐす、均す、
穴を掘る、株分け、
肥料を混ぜるなど
幅広く活躍

ねじり鎌
土の表面を草ごと
一緒に削りとる

ガーデンバッグ
落ち葉や剪定枝を入れるバッグ。
自立式なので入れやすく、大容量。
使い終わったら折りたたんで
コンパクトに収納

ソフトバスケット
柔らかいソフトな素材のバケツ。
剪定した枝や葉の
一時的なゴミ箱に。
持ち手があるので、持ち運びや
中身を袋に移し替えるのにも便利。
水洗いもできる

ビニールシート
敷いたり、かぶせたり、
いろいろな場面で使える。
ブルーよりも、緑や茶色など
のアースカラーだと
景観にも馴染んでおすすめ

公園育てに
あると便利な道具たち

公園お手入れの基本道具

作業用手袋
手の大きさに合い指の感覚がしっかりあるものを。
お気に入りのグローブがあれば気分もあがる！

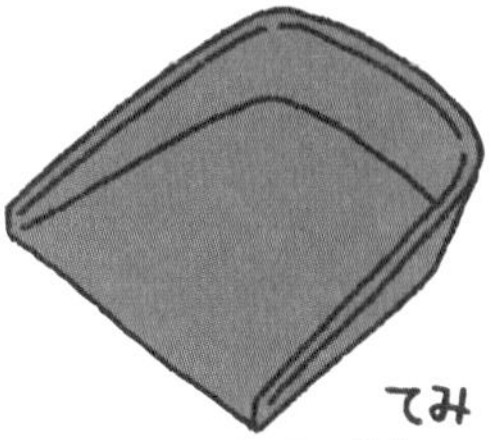

てみ
落ち葉や草集めに便利な大型チリトリ

熊手
公園や草地では樹脂製が使いやすい

竹ボウキ
落ち葉掃きにはこれ！
収納や持ち運びがしやすい手ぼうきも良い

ゴミ拾いトング
子ども用には小さいサイズもあるとGood

あると便利な道具たち

庭ほうき
ヤシの葉脈などの天然素材でできた少し固めの庭ほうき。
竹ボウキよりも細かいところの掃除に便利

ミニ熊手
花壇の表面を均したり、
低木の下の落ち葉の掻き出しなど、
小回りがきいて便利。
伸縮性だと幅の調整もできて使いやすい

手押しの芝刈り機
人が押す力で動く芝刈り機、
広い場所の草を芝生のように刈り揃えられる

Q1

公園のお手入れにはどんな道具が必要？

A　これさえあれば大丈夫！　基本の公園掃除道具

竹ボウキ、熊手、てみ（ちりとり）、作業用手袋、ゴミ拾いトング、ゴミ袋

・草花や低木のお手入れおすすめ道具

草刈り鎌（目的に応じてサイズもいろいろ。大きめのノコ目つきだと片手でも刈り落とせ、折りたたみ式なら公園での持ち運びや保管も安心）、草抜き、ねじり鎌、移植ゴテ（先が細めのものや、柄の長いものもある）、ハンドフォーク、剪定バサミ、芽切りバサミ、刈り込みバサミ

・あると便利な道具たち

ミニ熊手、庭ほうき、ガーデンバッグ（フゴ袋、自立式草入れ）、ソフトバスケット、ビニールシート、手押しの芝刈り機（あると広い面積も刈りやすい）など

良い道具は作業の質も効率も上げてくれます。紹介した道具はほんの一例。やりたい作業や条件によってふさわしい道具も違ってくるので、いろいろ試して、自分たちに合った道具を見つけていきましょう。

Q2

まずは何から始めよう？

A 観察、そして作戦会議！

いきなり作業に入る前に、準備運動として、まずは公園を見てみましょう。その公園は、どんな場所なのか？ どんな人たちが、どんなふうに使っているのか？ どんな植物がどのように生えているのか？ いろいろな視点で観察してみましょう。日時や季節によっても違う風景を感じながら、ひとりイメージトレーニングも良いですが、せっかくなら仲間同士で良いところや残念なところについて話し合ってみると、ひとりでは気づけない新しい発見があるかもしれません。

たとえば、草が伸びすぎて子どもたちが安全に遊べず困る時期があるとしたら、どんな季節にどんな草が生え、何が嫌なポイントなのか?をまずは観察。そして、どのような状態なら心地良いのかを考えてみましょう。自然と仲良くしながら、植物や虫たちとどのように共存し、心地良い場所に育てていくのか？ イメージを膨らませてみます。どんな公園になるといいか？のイメージを仲間同士で共有できると、実現するためのアイデアも湧き、作業も格段に楽しくなってくることでしょう。こんな場所にしたい！というキャッチコピーを話し合ってみるのもおすすめです。

Q3 雑草だらけ、どうしたらいい？

A 刈る、抜く、遊ぶ！

公園の困りごとランキングでも常に上位にいる草問題。雑草という名の植物はないと言われますが、温暖で雨も降る日本にはいろいろな種類の草が生えています。都市のスキマでもしたたかに生き延びる植物にとって公園はパラダイス。特に春夏は草が伸びます。自然の力はすごいもので、ちょっと放っておくと、立ち入るのも躊躇してしまうくらい草ボーボーの状態になってしまいます。多くの自治体では行政主導で年2回くらい機械刈りの業者除草が入ったりしますが、年2回ではすぐまた草ボーボーで追いつかないのが現状です。さて、これをどうするか？　元気の良い草たちとどうやって付き合っていくかについては、いろんな考え方がありますが、ここではみんなで楽しく公園を育てていくという視点でのヒントをご紹介します。

安全第一、そして楽しく！

まず考えるべきことは、安全と安心です。草が伸びて見通しが悪くなると、小さな子どもは見えなくなってしまう上、ポイ捨てゴミや犬の落とし物も増えがちです。安全対策や防犯のためにも、まずは見通しを確保することを考えてみましょう。足元の高さまで短くすれば一安心です。

面積の広い公園や草ボーボー公園での作業で大切なのは仲間集め。1人では永遠に思える孤独な作業も、みんなでやれば、あっという間に終わります。草をむしったり、取った草を集めたり、運んだりする作業は、子どもたちも大活躍。ゲーム感覚で楽しんでやることもできるでしょう。

公園育て活動で手軽にできる草刈りは、鎌を使った手刈りでしょうか。折りたたみ式の鎌なら、公園内での持ち運びや保管もより安全に。ノコ目つきの鎌なら片手でも簡単に使えます。ザクザク刈る作業もまた気持ちが良いもので、根っこから抜くより体力的にもラクな作業です。少人数でもある程度の面積をお手入れすることができます。刈った草は、熊手を使って集めます。集めた草は、2~3日乾燥させておくと軽くなって運びやすく処理もしやすくなるという声もあります。ゴミとして出さずに、コンポスターで堆肥化し土に還す取り組みも増えています。長い草を上から短く刻んで細くして、そのまま土に撒いて土の栄養にしてしまう人たちもいます。

広い公園すべての草を取る必要はありません。たとえすべての草を取ったとしても、しばらくは草のないスッキリした状態が続きますが、日当たりが良くなったことで眠っていたタネが発芽したり、どこからか飛んできた新たな植物が登場したりして、草はまた生えてきます。草がすぐに生えてくるからといって、公園での除草剤の使用はNGです。

定期的にやっていると、季節によって違う種類の草に出会えることも面白いところです。様々な形状や色の葉っぱ、小さくてかわいらしい花や実、何度でも蘇る強い生命力を見ていると、草たちへの愛着がわいてきたり、草を見る解像度が高くなったりして、都市の中でも季節の移り変わりや自然とのつながりを感じることができます。ザクザク刈ったあと、何日くらいでどんな草が伸びてくるか？　観察しながら、作りたい景色を思い浮かべて、みんなで遊べる原っぱを育てていくのもいいですね。

あったら困るものは抜く：選択的除草

気持ち良い状態をより長くキープするため、背高のっぽで巨大化してしまう草や、あらゆるものを覆い尽くしてしまうツル性の植物など増えると困るような草は、ピンポイントで抜いてしまいましょう。乱れ放置された草ボーボーの状態はきついですが、嫌なものがなくなれば、快適さは格段にアップします。観察をしながら「これはいつもこの時期うっとおしくなって困るな」というものを見つけて、選択的に取り除いていくというアプローチです。

多年草と一年草を見分けて対処するなど、奥の深い世界ですが、ポイントは、多年草の雑草は根っこからしっかり除去、一年草の雑草はタネができる前に対処すること。土が柔らかくなった雨上がりは、根っこから抜くチャンスです。「今日はこの植物を取ってしまおう！」と作戦を立て、みんなで同じ植物を抜くなど、地道にしっかり除去すると、植生が変化していき、毎年後手後手になりがちな雑草闘争の繰り返しを減らしていくこともできるでしょう。

横に広がって伸びる細い根、太くて縦に長い根、横に連なる根など、草の種類によって根の形状も違い、抜ける感触も違います。引っ張ったらサクサク抜ける草もあれば、土を奥深く掘ってもなかなか抜けないゴボウのように太い根を持った草もあります。狙った草をピンポイントで抜きたい場合は、草抜きを使うのが便利です。根を切るための道具もあります。草の種類によって対処法や合う道具も違うので草取り談義や道具談義で盛り上がることも。ズポッと抜ける手応えは爽快で、ちょっとした収穫体験のような感覚もあり、無心で草を抜き続ける作業にハマる人もいます。子どもたちも、大きなかぶのお話のようにみんなで引っ張って遊んだり、力くらべをしたりして、楽しんでいます。

短く刈って原っぱに

広場の草は、刈り続けて原っぱにしてしまうのもいいでしょう。背丈の高い草や嫌なものは選択的に取り除きながら、残りは定期的に短く刈り揃えていくことで、草の成長を抑え込み続け、短い草の原っぱのような景色を目指します。

草刈りのポイントは、根本から5~10㎝ほどの高さで刈ること。背丈の低い広葉雑草の成長点を残して刈ることで、背丈が高くなりやすいイネ科雑草の増殖を抑える「高刈り」の考え方を取り入れています。

草刈り鎌や刈り込みバサミを使うのが簡単ですが、予算や保管場所などの条件が許せば、手押しタイプの芝刈り機を使う方法もあります。機械を使えば、広い面積にも対応しやすくなります。手押しの芝刈り機は子どもでもシニアでも簡単に使え楽しく作業することができます。見た目も美しくなり、頻繁に刈ることで、気持ち良い原っぱの状態を長くキープすることができます。

なお注意点として、草刈り機（刈払機）を使う場合には、安全に十分配慮する必要があります。刈払機にはエンジン式や電動式など複数のタイプがあり、刈り刃の形状も二枚刃・チップソー・ナイロンコードなど様々です。安全な使い方の講習を受講した上で、機械の貸出を行っている自治体もあります。機械を使う場合は、安全のため、機械を使って草を刈る日と刈った草を集める日を分けて時間差で作業をするという人たちもいます。

花壇はマルチングで雑草予防

花壇にも、選択的除草の考え方は有効です。花壇で育ってほしくない植物は選択的に取り除きます。草抜きでピンポイントに抜いたり、ねじり鎌で土の表面を草ごと削ったりして、花と花の間の不要な草を除去。その後、腐葉土や落ち葉などを被せて表面を覆う（マルチングをする）ことで、新しい草が生えてくるのを予防できる上、保温や乾燥防止の効果も期待できます。

とにかくいろいろやってみる：その過程も楽しもう

雑草と呼ばれる草たちは、とかく嫌われがちですが、ちょっと視点を変えると発見も多く遊びの材料にもなります。虫好きさんへの小さな配慮としてあえて草を生やしたゾーンを残したり、葉っぱをアートや工作に使ったり、公園内の植物いきもの調査団を作ってみたり、刈った草を土に還して公園内で循環できる環境を作ったり、YouTubeで除草作業のコツを調べたり、便利な道具を自作したりと、様々な工夫をしている人もいます。

全体を完璧にしようとすると心が折れるので、気になるところだけやるというのも、心地よさが長続

落ち葉堆肥は発酵していてホカホカ！米ヌカを混ぜて切り返し作業

東京都杉並区の三井の森公園では、公園内の落ち葉を落ち葉溜めで熟成して堆肥にしています

きする大切なポイントです。草に関しても、大人の公園遊びの1つとして、いろいろ実験をしながら、その過程ごと楽しんでしまうのも良いですね。

Q4 大量の落ち葉、有効活用できるかな？

A ①集めて遊びたおす ②公園内で堆肥化する

落ち葉も雑草と並んで公園の困りごとでよく耳にするテーマです。公園に大きな木があると落ち葉も大量で、季節になると毎日の落ち葉掃きが大変という声もよく聞きます。さて、これはどうするか？　楽しく有効利用している人たちの活用方法を見ていきたいと思います。

①集めて遊びたおす

管理の視点で見るとやっかいに扱われがちの落ち葉ですが、子どもたちにとっては絶好の遊び道具。様々な形や色の変化、踏んだ時のサクサクした感触や音を楽しんだり、工作をしたり、花吹雪のように舞わせたり、寝転がったり、もぐりこんだり、いろいろな遊びができる秋冬は最高の落ち葉遊びシーズンです。

落ち葉を集めておく場所を決めると、子どもたちも遊びやすく、管理もしやすくなります。竹ボウキで落ち葉を掃いて集めたら、落ち葉集めにポイ。ビニール袋につめる作業は案外ストレスですが、落ち葉集めにポイっと入れるだけなら作業もラクです。遊びの1つとして自主的に落ち葉を集めてくる子どもも出てくるでしょう。季節や自然の恵みとして、落ち葉プールを作って遊びたおすのもまた一興です。

②公園内で堆肥化する

落ち葉堆肥にして土に還す方法をとっている人たちもいます。公園内の一角に堆肥ボックスを設置し、そこに落ち葉を入れて発酵させ、堆肥にします。発酵促進のため、米ヌカなどを混ぜる人もいます。何度か切り返しをしながら、落ち葉を堆肥化します。出来上がった腐葉土は公園内の花壇や木の根元にまくことで、みどりの地産地消の小さな循環サイクルを作ることができます。近くの学校の花壇に寄付したり、ご近所さんにお裾分けをしたりして地域のつながりに活用している人もいます。ビニールの袋につめて、トラックで運び、燃やすより、ずいぶんエコな取り組みです。そして、このような持続可能な循環サイクルは、子どもたちだけでなく、大人にとっても学びの機会になることでしょう。

Q5

どんな花を育てよう？

A

①自治体からの花苗配付を活用
②近所のお花屋さんで調達する
③多年草や球根のお裾分けで増やす
④タネから育てる・育てた苗を持ち寄る

公園ボランティアの多くの人が楽しんでいる花育て。どんな花を育てようか？　どんな景色を目指そうか？　考える時間もワクワクしますね。花の調達にもいろいろな方法があります。

①自治体からの花苗配付を活用する

公園に植える花苗を支給する自治体は結構あります。3章でも紹介したように、自治体から季節の花苗や球根の支給がある場合は、最大限活用したいものです。市区町村の公園課だけでなく、県が花苗を支給してくれる制度のある地域もあるので、一度調べてみると良さそうです。

②近所のお花屋さんで調達する

活動費を使って花苗を購入している人たちもいます。ホームセンターやスーパーマーケットで季節の花苗を選んで買うもよし、ＪＡの直売所や花苗農家から直接買いつけるもよし。公園の環境に合う植物や、目指したい風景など、近所のお花屋さんで相談しながら、計画を立て、花育てをしていくのもいいですね。

③多年草や球根のお裾分けで増やす

お花好きの皆さんは、植物の育て方と同時に増やし方にも詳しく、とても熱心です。よく育った多年草を挿し木にして増やしたり、株が育って増えたハーブを小さな苗にしたり。お手入れの作業とともに、増えた植物をご近所さんにお裾分けをしている人たちもいます。近くの公園同士で植物の交換をしたり、増えた球根をあげたりもらったりしながら、植物と一緒に育て方などの技術的な情報も交換できたら、植物を通した交易のようで面白いですね。

④タネから育てる・育てた苗を持ち寄る

ヒマワリやコスモス、ナノハナなど、タネからでも育てやすい植物は、公園の花壇に直接種まきをしてもいいかもしれません。花の種を入れた泥ダンゴを花壇に植える「たねダンゴ」（たねダンゴは、公益社団法人日本家庭園芸普及協会が普及を進める新しいたねまきの手法です）や、メンバーがそれぞれの自宅でタネから苗を育て、ある程度の大きさに育った苗を公園に持ち寄って植える「花の里親」という方法で花育てを楽しんでいる人たちもいます。公園の花を育てることをきっかけに、より多くの人が公園に関わり、つながっていくのは魅力的です（花の里親については、5章でご紹介します）。

Q6

仲間をもっと増やしたい！いい方法はある？

A
①活動日や内容のお知らせを掲示する
②イベントをやってみる
③SNSをやってみる

公園ボランティア活動は、仲間が増えると楽しみも広がります。自分たちの活動をもっと知ってもらいたい、仲間をもっと増やしたい！という思いで、こんなことをしている人たちもいます。

①活動日や内容のお知らせを掲示する

公園を利用する人たちに、気軽に活動に参加してもらえるようお知らせをしてみましょう。日にちと時間を書いたポスターを作って、公園内に掲示するシンプルな方法ですが、最も効果があるようです。「どなたでもどうぞ」といった言葉とともに、持ちものや服装についての情報もあると、初めての人でも参加しやすいかもしれません。日程のお知らせに加えて、これまでの活動の記録や報告、花壇に植えた花や、公園で見られる生きものの紹介、公園にまつわる最近のニュースなどを、活動紹介ポスターや

師岡打越第三公園の次回活動日のお知らせ。愛護会の紹介や作業内容も書かれている

壁新聞のような形で公園内に掲示すると、より深く知ってもらう機会につながりそうです。

デザインは、自治体提供の雛形を活用してもいいですし、最近では簡単にデザインが作れる無料のウェブサービスやアプリもあります。パソコンを使わず手書きで作るのも温かみがあって目を惹きますし、子どもに絵を描いてもらうのも楽しいでしょう。透明フィルムでパウチすると雨対策にもなります。

自治体の設置する掲示板の他、手づくりの小さな掲示板を設置している人たちもいます。公園掲示板があることで、公園にまつわる情報をまとめてお知らせすることができ、公園利用者と管理者やボランティア間のコミュニケーションの場にもなるでしょう。ボランティアが自由に使える掲示板があれば最高ですが、公園内に掲示板がなくても、フェンスや倉庫の壁など活用できそうな場所を見つけて掲示するのもありでしょう。掲示にあたっては、公園を管理する自治体など関係者に事前にOKをもらっておくことも忘れなく。

②イベントをやってみる

地域の人たちに活動を知ってもらうにはイベントをするのが良いという声もよく聞きます。大規模なイベントでなくても、掃除＋おしゃべり会や、お花見ピクニック、健康づくり体操のような気軽なものでOK。花壇の植え替えなどもイベント仕立てにすれば、子どもたちやご近所さんなどいろいろな人が楽しく参加でき、公園の花を見守る仲間が増えるきっかけにもなることでしょう。公園の木やどんぐりなどを使った工作、樹名板づくり、植物や昆虫の観察会、子ども服やおもちゃのおさがり交換会、焼き芋大会や、防災訓練を兼ねた炊き出し、可能性は無限大です。普段公園を利用している近くの保育園や幼稚園、学校、福祉施設などと一緒に行って交流を楽しんでいる人たちもいます。イベントの内容によっては、役所や保健所、消防署などに届出の手続きが必要になることもあるので、自治体の担当者に相談すると間違いなさそうです。

③SNSをやってみる

最近ではSNSで活動を発信する人たちも増えています。X（元Twitter）やFacebookで写真と一緒に活動日やイベントのお知らせや報告をしたり、LINEのオープンチャットでゆるやかに会話や情報共有をしたり。ネットでつながれば、少し遠方からでも活動日やイベントに合わせて予定を立てて参加することもできるでしょう。SNSは、公園ボランティア同士でつながり共感を得たり、情報交換をするきっかけにもなります。

ホームページを持つのは大変でもSNSならアカウントを登録するだけで簡単に自分たちの情報発信の場を持つことができるので、活動の記録と報告の場として活用している人たちも多いようです。

Q7

ちょっとしたトラブル、どうしよう？

A

①自治体に問題を共有しよう
②前向きにとらえることを心得とすべし

せっかく植えたばかりの花が抜かれてしまったり、もうすぐ咲きそうだと楽しみにしていた花がいつの間にか切られてしまったり、大切に育てていた植物が踏み荒らされてしまったり。公園ボランティア活動にまつわるちょっとしたトラブルは、とても残念ですが、やはりときどき耳にします。タバコの吸い殻やゴミのポイ捨て、犬の落とし物が多いといった、公園利用やマナーに関する問題もやはり減りません。そのような場合は、どうしたらいいのでしょうか。

①自治体と問題を共有しよう

まずは公園を管理している自治体と問題を共有しておくことをおすすめします。すぐに対処することは難しくても、問題を共有しておくことで、一緒に考えていくことができます。その上で必要であれば、声かけや看板設置をするなど、何か有効な対策を取っていけるといいですね。看板も、禁止看板ではなく、理解を呼びかけるような言い回しや、子どもたちと一緒に作るなど、工夫をするのも良さそうです。

②前向きにとらえることを心得とすべし

これは多くの先人ボランティアの方々からの知恵ですが、仕方ないね！と割り切って、みんなで笑って前向きにとらえていけると、心の健康が維持できます。小さなことは気にせずに、できることを、できる範囲で、無理なく楽しくやっていくことが、長続きの秘訣だと多くの先人が教えてくれています。

私の推し公園

子どもたちの優しい心を育てる愛護会活動

豊田希　会社員、鯉ヶ淵公園（藤沢市）愛護会代表。花壇づくり、草刈り、落ち葉掃き、ゴミ拾い、日よけの設置、その他公園の整備を子どもたちと一緒に活動中。

鯉ヶ淵公園は藤沢市の住宅地にある比較的大きめの公園です。この住宅地は昭和40年代に整備されたようで、私が引っ越してきた2009年には、遊具のペンキもはがれ、朽ちた印象がありました。そこで公民館にペンキを塗ってほしいとお願いに行くと、「地域の人で公園を守る公園愛護会という制度があるので立ち上げを検討してみてください」と言われ、そこで初めて公園愛護会という言葉を知りました。

近所の仲間3家族で相談し、自治会の防犯環境部の中に位置づけていただき、運営は独自で行う形で立ち上げました。平日は働いている人も多い子育て中の家族を中心に、月に一度の活動を楽しんでいます。先生を招いて青空体操教室を行ったり、自治会の総会でチラシを配ったりして、常時10家族くらいの仲間がいて、参加できる時に参加してくれています。夏はスイカ割りゲーム（ビーチボールをスイカに見立ててスイカ割りを行い、本物のスイカは綺麗に包丁で切って、みんなで食べます！）、冬はクリスマス会（集会所で焼きそばやお好み焼きを作って一緒に食べることもあれば、コロナ禍には持ち寄ったプレゼントを公園に隠して、子どもたちが見つけるプレゼント交換もしました♪）などのイベントをしています。大人はお茶飲みしながら日頃のお喋りに花を咲かせます。

発足当時はよちよち歩きだった子どもたちが、中学生になっても都合がつけば来てくれて、幅広い学年で掃除後の遊びを楽しんでいます。毎回開始時間のずいぶん前から自前のトングでゴミを拾いながら皆を待っていてくれる子、重い草の入ったゴミ袋をサンタさんのように運んでくれる子、ベンチにペンキで絵を描こうと提案し、図案も考え、春夏秋冬の季節の絵を描いてくれた子。どの子も愛護会活動にやりがいを感じてくれています。習い事で来られなくなった子もいますが、地域のことを大切に思う気持ちを持っていてくれています。

活動時間は30分程度ですが、その後の交流がとても貴重です。これからも、無理せず、楽しく、元気に、地域の仲間と愛護会活動を続けていきたいです。

子どもたちが提案し塗ってくれたベンチ

5章 毎日の一工夫。無理せず続けるためのアイデア集

公園ボランティアで一番大事なことは「無理なく、長く続けられる」ことです。だからこそ、先人の皆さんは、楽に、楽しく活動できる工夫を積み重ねてきています。この章で紹介しているアイデアはすべて、時間を経ても残った珠玉のノウハウです。省力化できること、ゲーム的に楽しくやる方法、毎回参加したくなる活動後の憩いのひと時の持ち方など、ぜひ取り入れてもらえればと思います。

それでは、紹介していきましょう！

1 時間を決める。作業が途中でもキッパリ終了

多くの公園ボランティアでは、活動日を定例化しています。「毎月第1日曜日の朝8時から」など固定することで、習慣になる効果があるようです。また、雨の場合には翌週の同時間に変更など事前に決めているところも多いです。ここまでは序の口。さらに大事な秘訣があります。

長く、楽しく続けられている公園ボランティアの皆さんは、「1時間できっかり終わる」など作業時間の終わりを決めていました。作業途中であっても時間になったら終了。2章で紹介した「イクシバ！プロジェクト」の皆さんも、作業時間はきっちり1時間と決めていました。そのおかげで参加者の方にとっては以下のようなメリットがあるようです。

大学生の半田さんと、会社の研修として前回初めて参加し、今回は個人で参加したという新社会人の長谷川さん。若手2人に参加しやすい点を聞くと、「作業は日曜日朝9時から1時間ときっちりしているところ」と答えてくださいました。1時間ならサクッと時間的負荷が少なく、朝活感覚で参加しやすくなりますよね。

神奈川県寒川町のさむかわ中央公園でも、活動は毎週火曜の朝8時から9時ときっかり1時間に決めていました。公園と駅前で隔週ごとに活動されています。お伺いした日には「私、これからテニスしに行くの」と意気込む方もいらっしゃいました。終わりの時間が決まっているからこそ、次の予定があっても参加しやすくなります。

作業が途中であっても、1時間で終わるということが、参加のハードルを下げています。また1時間と決めることで「この範囲でできることをやろう」と無理しない枠組みにもなっているようです。

2 入会も退会も自由。時間がある時に気軽に参加できる雰囲気づくり

同じく「イクシバ!プロジェクト」では、よりオープンで気軽に参加できる組織づくりには、ものすごく気を使っていました。

「参加者がそれぞれのライフスタイルを重視しつつ、時間のある時に気軽に参加できる組織づくりを心がけています。1回メンバー登録をしたら自由に退会しにくく、その後、顔を合わせにくくなるような組織では本来の芝生の手入れどころではなくなるので、そういった心理的不安のない組織でありたいと思っています」とイクシバ！代表の尾木さん。

イクシバ！が大事にしているのは自由意志で「入るも自由、出るも自由」と掲げており、LINEのオープンチャットでも毎月告知しています。「みんなが自分の性格に合うことを、無理なく、ゆるりと関わり、何かしら満足感が高くて楽しい場所、イクシバ！はそんな器になりたいです。ライフスタイルに合うご利用を！」素敵なスタンスですね。

先ほどの1時間できっかり終えるのと同じで、「活動が難しくなったら辞めてもいいですよ」というメッセージを先に掲げておくと参加のハードルを下げます。また活動ができるようになったら戻ってきてもらうことにもつながります。

3 お知らせポスターで参加者募集、SNSでも告知

公園ボランティアの存在や活動内容を知ってもらうために、取りかかりやすく、公園を使っている

手書きの文字だと親しみやすさが生まれ、参加へのハードルが下がります

師岡打越第三公園愛護会の花しごとだより。花壇の植物やこれまでの作業が紹介されています

人たちに知ってもらうきっかけになるのが、公園の掲示板です。もし公園に掲示板がないようであれば自治体に相談することをおすすめします。自治体によっては、公園愛護会のために掲示板を設置してくれるところもあります。

横浜市の師岡打越第三公園愛護会では、「花しごとだより」という定期媒体を作成し、次回の活動日の告知とともに公園の掲示板に貼っています。

「素敵なデザインだよね〜。活動のことを知ってもらえるし、実は気になっていた人も参加しやすくなるよね」とメンバー間でもとても好評。実際に活動に参加する近所のファミリーは徐々に増えており、活動が地域に広まりつつあります。師岡打越第三公園愛護会は、Facebook上でも「師岡みんなの花しごと」というページを作り、活動の様子や告知を載せています。

2章で紹介した「のはら」づくりを行っている谷津坂第一公園では、園内にあるいくつもの黒板や掲示板を活用し、植物の紹介や活動の予定が書かれていたりします。

そしてやはりFacebookでも、誰でも気軽に参加できるよう、活動予定や公園の様子を発信しています。

公園を利用している人でも、同じ時間帯に来ていなければ、公園ボランティアの存在を知らないことがほとんどです。だからこそ、このようなポスターや掲示板で存在を知ってもらうことが大切です。ボランティアへの参加までいかなくても、活動を知ることで自分自身も公園を大切にきれいに使ったりゴミを拾ったり、自主的な行動につながるかもしれません。

4 公園の近隣にもお知らせポスターで参加者募集

茨城県つくば市にある竹園西広場公園で活動する「つくばイクシバ!」。先に紹介した東京都中央区の「イクシバ!プロジェクト」から芝生育てのノウハウを教えてもらいながら活動している団体です。この公園は地域の企業が活動の中心となって、マンションの再整備とともに生まれ変わりました。代表は公園の近くにオフィスのある地元企業一誠商事株式会社の田﨑洋子さんが、企業のCSR活動として務められています。

地元企業が地域のためにオフィシャルスポンサーとして活動しているからか、近所の他のお店も協力してくれているようです。地域の方が利用する公園に隣接するベーカリカフェでは、つくばイクシバ!の活

芝生公園を楽しむための「ゴザ」の貸出協力も

ベーカリーカフェにもつくばイクシバ！の活動が紹介されています

動内容を掲示してもらっています。活動日程だけでなくヨガやゴザの貸出も告知することで、まずは興味を持ってもらう仕掛けにしています。

公園を利用する人が立ち寄るお店がある場合には、ダメ元で公園ボランティア活動のチラシの設置をお願いしてみてはどうでしょうか？　公園に恩義を感じているお店なら、公園の役に立てるのであれば、と協力してくれるかもしれません。

5 SNSで公園の外でも交流する

先に紹介した「イクシバ！プロジェクト」ではウェブサイトを中心に、Facebook、X（元twitter）、LINE公式／オープンチャット、Instagramを活用して、公園の外でも情報発信や交流を行っています。

ウェブサイトでは、団体の紹介はもちろんのこと、活動が詳細に紹介されています。どんな格好で行けばいいのか、どんな人が来ているのかが事前に把握できるので参加への安心材料になります。ウェブサイト

イクシバ！のオープンチャット画面。オープンチャットでのスタンプの活用が参考になります

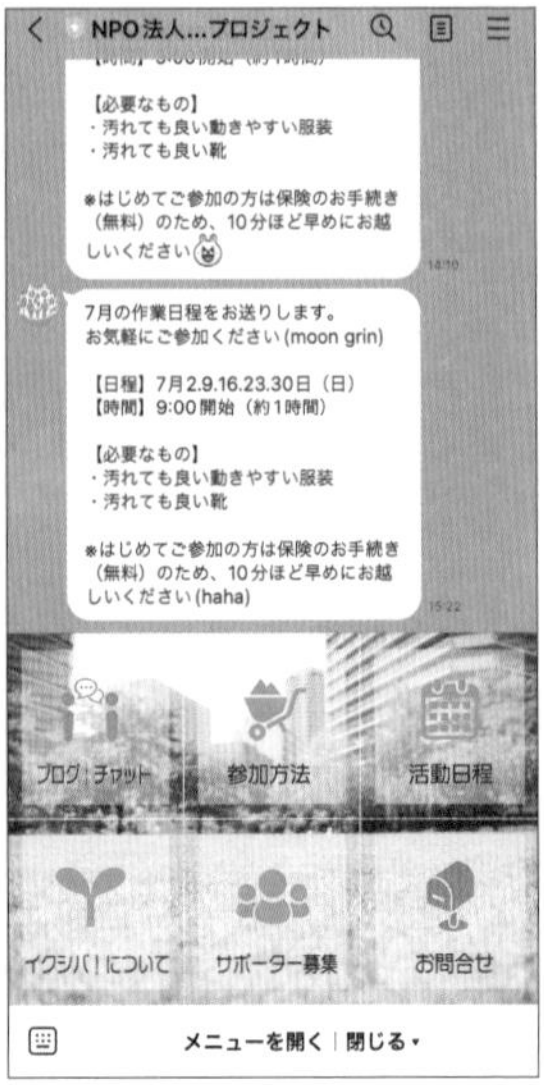

イクシバ！のLINE公式アカウントでは、メニューをうまく活用しています

に公開した活動報告の記事はX（元twitter）やFacebook、LINEのオープンチャットにも流すようにしています。LINEのオープンチャットでは、スタンプを活用した活動告知も行われていて、入りやすい雰囲気が伝わります。

オープンチャットでは参加メンバーとのやりとりや、活動報告などがチャットで流れてくるので、イクシバ！のコミュニティ運営の雰囲気がわかります。毎月初めには、「オープンチャットだからこそ通知がうるさい時には通知をオフに」とか、イクシバ！が大事にしている「入るも自由、出るも自由」というメッセージが再度共有されています。

またLINEの公式アカウントでは、作業日程、必要な持ち物や保険の手続きのこともアナウンスされていて見やすく、親切です。

従来はLINE公式アカウントで運用してい

る公園ボランティアの方々も多かったのですが、公式アカウントでは無料で送付できるメッセージ上限数が引き下げられて、課金されるようになってしまったため、オープンチャットに移行している団体が多く出ています。

ＳＮＳの活用を紹介しましたが、運営が得意なメンバーがいる場合には、上記のように外に向けて運営すると自分たちの活動の記録としても残るのでおすすめです。とはいえ、公園ボランティアは「無理せず、楽しく」が大事ですので、負担になるようであれば無理してやらないと決断することも大事です。

6 思い切って声をかける

公園ボランティアの仲間集めには、声をかけることが有効です。勇気が必要で、地道な方法ですが、効果があります。園芸に興味がある人や、自分と同じ属性の人など、勇気をふりしぼって仲間を募ってみてはどうでしょうか？

川崎市宮前区にある平池《たいらいけ》の谷《やと》公園愛護会では、ご近所さんに思い切って声をかけたことでスタートしていました。代表の吉永順子さんが当時のことを教えてくれました。仲間集めは、近くのお花屋さんが紹介してくれたご近所さんに、思い切って声をかけたのがスタート。ドキドキしながら、インターフォ

作業場所が横に長い場所であれば、移動式の椅子がピッタリ

折りたたみ椅子を活用するイクシバ!の皆さん。雑草抜きが楽になります

ンを押して、「公園のボランティアを一緒にやりませんか?」と。そこから、周辺の家に公園ボランティア参加募集のチラシを配ったり、お子さんのつながりから声をかけたりして、活動の輪を広げたそうです。

同じく公園ボランティアを始める時に、声掛けをして仲間を集めたのが1章で紹介した高谷下公園の木村宏治さんです。まずは、子どもが通っていた幼稚園の送迎バス仲間に声をかけるところからスタート。続いて、同じ公園を利用しているもう1つの幼稚園のバス利用者家族、公園で遊んでいる時に知り合った家族、と徐々に声をかけて輪を広げていきました。同じ幼稚園に通っている親同士、同じ公園で子どもを遊ばせている親同士など共通点があると、信頼して仲間になってもらいやすいそうです。

7 作業がラクになる便利グッズを活用する

花の植え替えなどの花壇の作業は、低い位置での作業が多く、花壇の草取りなど、かがんだ体勢で行う作業がどうしても多くなってしまいます。

ひざパッドがあると、膝をついて作業をするのにも抵抗がなくなります

花壇活動にホームセンターやネットで購入できる柄の長い移植ゴテはおすすめ

そこで、アイデアマンのいる公園ボランティアでは便利グッズをうまく活用していました。その中でも、ピカイチだった神奈川県茅ヶ崎市の甘沼パノラマ公園愛護会で活用しているアイデアグッズを紹介します。

しゃがまなくても、少しかがむだけで、土を掘ることができる、柄が長めの移植ゴテ。細身で先がとがっているので、穴が掘りやすく、根っこを切るのにも便利です。

甘沼パノラマ公園では、コンクリートの道路に沿って細長い花壇があるため移動式の椅子を活用していました。これなら座りながら、横移動もスムーズです。細長い花壇の作業ですが、1回1回しゃがんだり、立ち上がったりすることなく、そのままの姿勢でスイスイ移動しながら作業がはかどります。

移動式の椅子よりも一般的なのが、折りたたみの椅子です。特に草取りなどは腰に負担がかかりますが、折りたたみ椅子があるだけで負担がかなり軽減されます。作業後のお茶タイムなどでも役に立つ、一石二鳥のグッズです。

オリジナルのひざパッドを活用する方もいらっしゃいました。なんと100均で見つけた掘り出し物だそうです！　花植えや草刈りなど低い位

藤沢市鯉ヶ淵公園愛護会では、参加者の半数が子どもたち！

置での作業は、身体に負担がかかることも多いので、こういった便利グッズを活用して、楽しく活動してほしいです。

8

子どもでも参加しやすくなる小さなトングと小さなバケツ

大人もゴミ拾いをする時に使いやすいトングがあると、便利で衛生面でも安心です。とはいえ、子どもに大人用トングを渡すと重いし握力も必要で、使いづらい。そこで、神奈川県藤沢市の鯉ヶ淵公園では、小さいトングと小さいバケツを用意していました。パン屋さんのような小さなトングは子どもにはピッタリ。そして、つかんだゴミを手元で集めておけるような小さなバケツがあると、ゴミや草をバケツいっぱい集めることで達成感が味わえる仕掛けです。ゴミ袋を立てておくスタンドも参考になるアイデアです。

こういった工夫があるからなのか、鯉ヶ淵公園愛護会では参加者の半数以上が子どもたちとのこと。小さな子どものいる家族が新しく参加するようになったり、初めは親子で参加していた家族も、子どもだけで参加するようになったりしているそうです。公園ボランティアは大人だけのものではないのです。

9

誰でも使える掃除道具やジョウロを置いておく

花壇や水やりの担い手を増やすために、公園内にジョウロを常設しているところも増えてきています。花壇の水やりは結構大変ですが、親子で水やりをすることで公園育てに小さい頃から参加してもらえるメリットもあります。

川崎市中原区にある井田杉山町公園管理運営協議会、会長の竹井さんご夫妻は、写真のようにジョウロを誰でも使えるように設置しています。「愛のひとかけ」という素敵な名前まで付けています。

「花を植える時は、皆さんに声をかけて大勢で楽しくやっているのですが、日々の水やりは1〜2人ではやはり大変で。公園にジョウロがあれば、やってくれる人も増えるかなということで、設置しました」。

以前は花壇の係を作って頼んだこともあったそうですが、「みんなの花を枯らしてはいけない」と、責任を感じてしまい、負担が大きいとのことで、継続が難しく断念。特に夏場は毎日気にかけていないといけないから、本当に大変だったとのこと。公園にジョウロがあれば、空いた時間にやってもいいよ、という町内会の人の声もヒントになり、ジョウロを常設することにしたそうです。

ジョウロは公園内の、水道と花壇に近いフェンスに設置されたフックに、きれいに並んでかけてあり

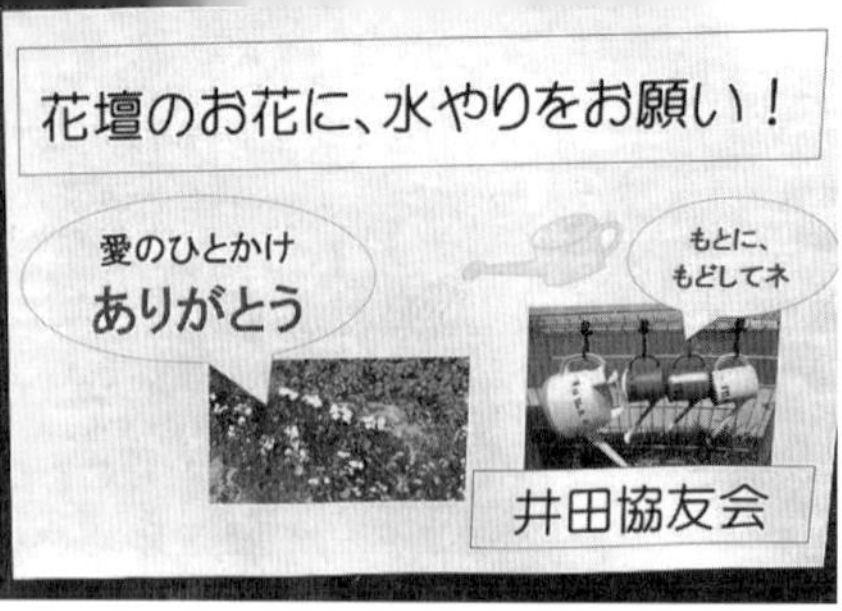

掲示板には「愛のひとかけ」を促すメッセージが。お礼もあるのがいいですね

ました。「井田協友会」と町内会の名前の書かれた大小様々なジョウロを使って、遊びに来た子どもたちが、次々と花にお水をあげています。

そして、ジョウロの近くの掲示板には、手づくりのお知らせが。1つはジョウロの紹介で、もう1つは最近の公園のニュース。2か月に1回くらい更新されています。読んでいるだけで、暖かい気持ちが伝わります。花植えの時も、ここのお知らせを見て、たくさんの人が集まり作業ができたそうです。

「このジョウロ、2年以上使っていますが、行方不明になったのは1つだけ。壊されたりしたこともないし、結構皆さん大切に使ってくれています」。そうおっしゃっている隣で、子どもたちが代わる代わる「愛のひとかけ」をしていました。公園の常連さんはもちろん、初めて公園に遊びに来た親子も、楽しそうにジョウロで花にお水をあげていて、このシステムの偉大さを感じます。「水やりに対する安心感ですね。皆さんやってくれるので、冬場は私たちがやらなくてもOKなくらいです」。

みんながお知らせを見て、参加してくれているのは、心強いですね。夏場はホースを出してきて水撒きをしているそうですが、ホースを持ってきて、水やりをして、しまって、と一連の作業はやはり大変。気軽に参加できる、管理のしやすさは大事です。

牛乳パックを片手に、ゲーム感覚で雑草集め。時間を決めて競争する方法も

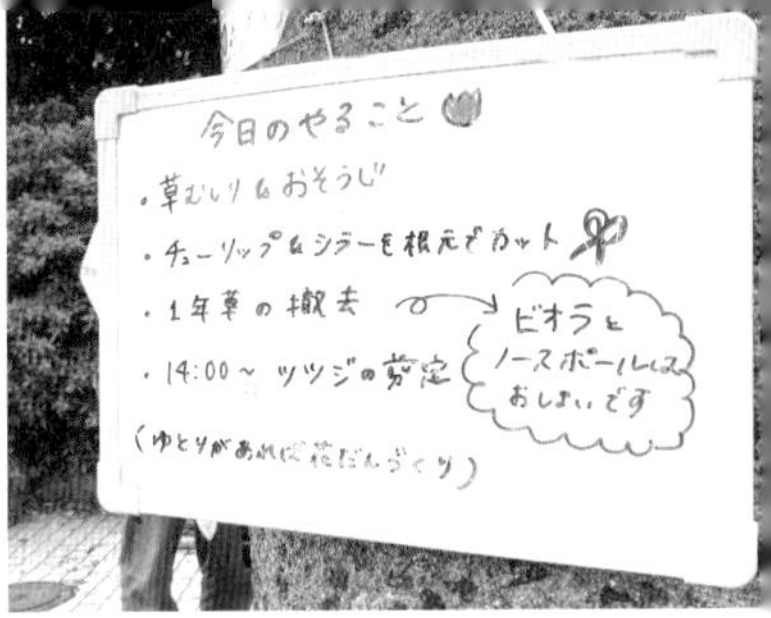

専用ホワイトボードを作って今日の活動内容をまとめてお知らせ

10

子どもたちも一緒に参加できる工夫を取り入れよう

子どもたちも一緒に、愛護会活動に参加できたらいいですよね。そんなことを実現しているのがこの「雑草抜きをゲーム」にする作業です。横浜市の師岡打越第三公園では以下のようにやっていました。

3歳から中学生まで、色んな年代の子どもが参加する活動には楽しい工夫がたくさん仕掛けられています。まずは看板。今日の活動内容を事前に書き出しておいて、会の始めに共有すると大人も子どもも何をやるのかわかって皆作業しやすいようです。

さらに、子どもが雑草抜きをしやすいように飲み終わった牛乳パックを使って、抜いた雑草入れを作っていました。牛乳パックは子どもが持つのにちょうどいい大きさだし、「なんか使えないかなあ」と思っていたとのこと。

子どもたちも慣れた手つきでスコップを握り、率先して雑草を抜き始めます。「子どもたちも戦力として期待しているので、遊ぶように楽しんで活動で

自立式のガーデンバッグがあると効率的。口が大きく移動も楽

スタンドでゴミ袋を立てて口を開けておく

きればいいなと思っています」ワイワイと子ども同士おしゃべりしながら、ゲームのように雑草を探す姿が印象的でした。

11 ゴミ入れは自立式にすると入れやすい

公園ボランティアが集めたゴミや草は、自治体から指定のあるゴミ袋に入れて回収してもらうのが一般的です。そのため、ビニール袋（ゴミ袋）に入れることになるのですが、作業効率を考えると、写真のようなスタンドを活用して自立させ、口が開いている状態になっていると便利です。

もっと大きなモノが必要であれば、ガーデンバッグが便利です。「自立式ガーデンバッグ」などと検索すれば、販売しているものが見つかります。草刈りや剪定を行う時には、ゴミ袋に比べて丈夫で大容量な上に自立するので作業効率が上がり、大活躍します。

また、ソフトバスケットと呼ばれる柔らかい素材でできたバケツも自立するので便利です。ただし、洗濯物入れとして使用される周囲に穴が空いてい

ビブスだと当日参加者に配布できる

お揃いのTシャツを作成すること自体も、楽しい取り組みです

るタイプのものもあるので、穴の空いていないタイプのものを選んでください。4章の「あると便利な道具たち」でも紹介しているので参照してください。

12

お揃いのグッズで気分アップ

神奈川県茅ヶ崎市のスマイルパークこわだでは、愛護会発足10周年のタイミングでお揃いの記念Tシャツを作っていました。半袖長袖の2タイプがあります。草木の剪定作業を行うのもあって長袖は重宝するそうです。前後ろに愛護会名と自治会名が、左右の袖にはスマイルパークのニコちゃんマークと自治会ロゴマークが入るこだわりのデザイン。「これを着てまた10年頑張っていきます！」と意気込んでいらっしゃいました。メンバーの皆さん、オリジナルTシャツを着て公園に集合し、休憩のおしゃべりも挟みながら、和気あいあいと作業する姿がとても楽しそうでした。

前出のイクシバ！では、固定メンバー以外の当日参加する人たちも多いため、ビブスを作って作業の時につけてもらい一体感を出していました。これ

染井よしの町会四季の会のエプロン。デニムに映えるピンク色の刺繍がオシャレです

もいいアイデアですね。

東京都豊島区の染井よしの桜の里公園で活動する染井よしの町会四季の会では、お揃いでデニムのエプロンを作っていました。濃紺デニムの生地にワンポイントのピンク色の刺繍が映えます。作業することを考えると、デニムのエプロンは良いアイデアですね。

13 植物の名札づくり

東京都大田区にある新蒲田二丁目児童公園と東矢口三丁目公園で活動する「いきちかクラブ」では、QRコードつきの花のネームプレートを作って設置しています。QRコードをカメラで読み取ると、いきちかクラブのブログの花の紹介ページへ。それぞれの花の写真とともに、特徴や咲く時期、雑学、観察ポイントや育てるコツまで、詳しい情報を見ることができるというものです。この手づくりプレートは、雨にも紫外線にも負けないよう、UV対応のフィルムでラミネートしてあります。

子どもたちが書いた札には、花壇を守る効果も

花の名前ポスターには見頃の時期や花言葉も

前出の川崎市平池の谷公園の愛護会では、公園に来る人とのコミュニケーションにと、花の名前ポスターを作成して掲示しています。

花の紹介は、初めは名前を小さく書いて花の横に挿していたそうですが、ある時から、まとめて写真つきでポスターにすることにしたそうです。花の名前を、写真と一緒に、見頃の時期や花言葉もつけて、花の近くのフェンスに掲示してありました。名前だけでなく、ちょっと気になる花言葉や、いつ頃どんな花が咲くのかなど、いろいろな情報があると会話のきっかけにもなりますね。通る人に、少しでも楽しんでもらいたくて、という思いが伝わってきます。

また、東京都小金井市の「むさこぷらっと公園」で活動する「ダイアンサス」の皆さんは、花壇活動に参加してくれた子どもたちにメッセージ札を書いてもらったそうです。禁止看板はいやな気持ちになることもありますが、子どもが書いた「ふまないで」札からは想いが伝わってきます。公園の花を守る効果もあるそうです。

14

「花の里親」で地域の公園への愛着アップ

先ほどのＱＲコードつきの花の名札を紹介した「いきちかクラブ」では、「花の里親」という取り組みを行っています。地域の方に花の苗を自宅でタネから育ててもらって、公園の花壇に植える「花の里親」という取り組みで、地域の人が協力しながら公園の花壇を作っています。代表の向井愛さんに聞きました。

種まき用の土ポットは、水につければ膨らんで、少しほぐしたら、そこにタネを蒔いて発芽させる仕組みの培養土。芽が出て、底から根っこが出るくらい大きく育ってきたら、そのまま土に植えることができます。いきちかクラブでは、渡しやすく育てやすい「ジフィーセブン」を使っているそうですが、より良い方法を常に模索中とのこと。

かつては、花壇の土に直接種を蒔いたり、花の種が入った泥ダンゴを作って花壇に植え込む方法を試したこともあるそうですが、水不足になったり、青虫に食べられてしまったりで、うまくいかなかったとのこと。その後、花の里親という方法を聞き、挑戦。試行錯誤しながら、だんだんと今の形になっていったそうです。秋蒔きのタネは虫による被害が少ないので初心者向き、春蒔きのタネは生長が早いか

いきちかクラブの里親の皆さんが花の苗を育てている様子

QRコードは多くの情報を提供できる

ら楽しめる時季も早いことも教えてくれました。

「発芽するまでは水不足に気をつけて、水やりはトレーに水を入れれば吸いますよ、芽が出たら日光に当てるのが成功のカギ、風が強いと飛ばされてしまうから置き場所は注意してください」など、ちょっとしたコツを添えながら、皆さんに里親セットを渡していました。

向井さんたちは、初めての人でも参加しやすいように様々な工夫をしています。たとえば、初心者でもすぐに始められるように、タネと一緒に、小さな種まき用の土ポットを用意して、里親さんたちに渡すこと。途中経過の報告や疑問などをお互い気軽に聞けるように、誰でも参加できるLINEのオープンチャットで、やりとりを共有するなど。

花の里親の取り組みのおかげで、公園の花壇活動を知ってもらい、新しく参加してくれる人が出てきています。

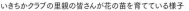

「公園の花は、役所の人が植えているのかと思っていましたが、違うんだ！と知ったのと同時に、これなら私にもできるかも！と思って参加しました」と話してくれたのは、この日初参加の方。案内チラシを見て、活動のことを知り、参加されていました。

「ゆるさが長続きできる秘訣ですね。失敗しても大丈夫だよ～と愛さんが言ってくれるから、参加しやすいですよ」と話してくれたのは、メンバーののりさん。ＳＮＳでいきちか花壇プロジェクトと花の里親の存在を知り、役に立てるのなら、と挑戦したのがきっかけで、最近は毎月積極的に参加しているそうです。

15

活動後のご褒美に「みんなのお茶タイム」

一番大事だと言っても過言ではないのが、この作業後の「ご褒美」タイムです。集まって作業してそれで解散でもいいのですが、せっかくなら集まったメンバーでお茶でも飲みながら自分たちが作業した公園を味わいましょう。作業の合間の休憩にお茶の時間を作っている人たちもいます。そんなお茶タイムやリラックスおしゃべりタイムの事例を紹介します。

横浜市の師岡打越第三公園愛護会の寺田さんは、公園愛護会の活動の楽しみであり、続けるモチベーションは「おしゃべり」だと言います。「みんなで話し合えるのが楽しみになっています。植物の成長もあるけれど、誰かと楽しくおしゃべりしたり、子どもたちが遊んだりもできる自由な場であることがモチベーションにつながっていると思います」とのこと。

先にも紹介した染井よしの町会四季の会では、ボランティア活動の後、お茶とお菓子が用意され、椅

武蔵野市の緑の創作園では、育てたハーブを使ったハーブティーでおしゃべりタイム。写真はレモングラス・レモンバーム・ブラックミントのブレンドティー

お茶の準備中からおしゃべりに花が咲きます

活動後、子どもたちはバドミントン。対戦相手決定中

横になってお世話した芝生を味わう。最高のご褒美！

ベンチをテーブルにしてみんなで立ち話タイム

子をまるく並べて、楽しいおしゃべりの時間となっていました。作業後、公園で仲間とチェアリングを楽しむのも、いいですよね。

東京都武蔵野市の緑の創作園で活動する「M's Gardenみどりの食いしん坊」では、園内でハーブを育てていることもあり、そのハーブを楽しむおしゃべりタイムをもうけていました。ガーデンでとれたハーブを使ったハーブティーと代表石井和子さんのお手製クッキーが振る舞われました。美味しいお菓子・お茶とともにおしゃべりが弾みます。

事例でも紹介してきたイクシバ！では、作業終了後、みんなで芝生にゴロンと転がって、芝生のありがたさを味わいます。子どもも大人も関係なく、芝生のお手入れを通じておしゃべりしたり一緒に寝転んだり…そんな風景が広がっていました。芝生好きの集まりだからこそ、活動後、芝生を楽しむのは最高の瞬間ですね。

「無理せず、楽しく！」が公園ボランティアを長続きさせる合言葉

公園ボランティア先人たちの工夫はいかがでしたでしょうか？　すべては「無理せず、楽しく」活動するための工夫です。無理しないことは本当に大事で、熱中症が心配な時や悪天候の時には、活動をし

ない決断も必要です。公園ボランティアによっては「8月はお休み」「雨が降ったらお休み」と決めているところもあります。

どの公園ボランティアの方々も、続けるモチベーションは、ご近所や仲間たちとのおしゃべりの時間だと言います。公園のことだけでなく、地域のことや嬉しかった出来事、美味しいお店や料理の話など情報交換しながら、ゆるくつながる時間。地域でそんな時間を持てることが、公園を育てる活動の何よりのご褒美なのかもしれませんね。

私の推し公園

「たかが公園、されど公園」。日々を楽しく

雫石剛 スマイルパークこわだ愛護会（茅ヶ崎市）代表。「おはなばたけ」の増設、皇帝ダリアの植付け・増殖、公園愛護会アプリを積極的に活用中。サックスプレーヤー。

スマイルパークこわだ愛護会の活動は毎月第1木曜日の9時〜10時30分が基本です。愛護会メンバーは、自治会の役員経験者や近所に住んでいる人たち。公園の隣が小学校なので、遊びに来る子どもたちのためにも、掃除や芝生のメンテナンス、花壇のお手入れなどを行っています。途中で15分ほど休憩を取ります。この休憩時間には公園の改善アイデアや、いろんな団体でボランティア活動をしているメンバーとの多岐にわたる情報交換を行うのですが、これも楽しみの1つです。また、年に1回は飲み会も開催して親睦を深めています。

この愛護会は自治会の外郭団体で、私は自治会役員になったことをきっかけに、一会員として参加し、数年後から代表に就任しました。公園以外でも、自治会長として地域でハロウィーンイベントや祭囃子フェスティバルを企画し実行しています。

私のモットーは何に対しても「楽しくやる」、楽しくなければ「楽しくできるように変える」です。また、参加者全員が楽しくできるように、皆さんの意見を採用し、実行するようにしています。

たとえば、みんなで話をしていると「地域のみんなが集える潤いのある公園」つまり「おはなばたけ」を広げようと盛り上がり、公園緑地課の協力も得て「第1おはなばたけ」を作りました。さらに親子で水やりができるように大・中・小の「じょうろ」も設置しました。それからは、自分たちで第2〜第5おはなばたけまで作り、1年中お花を楽しめるようにしました。

もう1つは、「皇帝ダリア」の植え付けです。2〜3個の切株を花壇にさし、大事に育ててきました。今では、10本に増え11〜12月にはきれいな花が咲き地域に潤いを与えています。

「たかが公園」活動ですが「されど公園」、日々楽しく活動を継続しています。継続するコツは「無理をしない」「みんなで決める」「楽しく活動する」事だと思います。

誰でも人生は一度だけです。納得できる人生を送りたいですね。地域の皆さんが公園に来て楽しんでもらえるようにこれからも活動していきます。

スマイルパークこわだ
こんにちは、
皇帝ダリアの投稿を開始して2年目になります。今年もキレイに咲きましたよ。
まだまだ咲きますので近くの方は見にきてね!!
スマイルパークこわだ愛護会
2022/11/16 10:43
7

愛護会アプリ「PARKFUL Watch」にも皇帝ダリアの成長記録を投稿

6章 頼れる味方はすぐそこに。自治体職員との連携プレー集

公園ボランティア活動をやっていると、もう少しこんなことができたらいいのにという課題や希望などが出てきます。そんな時には、公園ボランティア制度や公園を管轄している担当部署の自治体職員にぜひ相談してみてください。公園ボランティアという活動は、自治体にとっても、ありがたい存在です。自治体とボランティアが力を合わせることで、改善できることがたくさんあります。これから事例で紹介する、自治体と公園ボランティアが連携した取り組みを読んでいただければわかるように、自治体職員は推しの公園を育てる頼れる味方です。

1 公園ボランティアを始めやすくする連携

〈自由に使える掃除道具があったらいいな〉

誰でも掃除できるように、公園に掃除道具を設置（東京都江戸川区）

公園で遊んでいる時、落ちているゴミが気になることがあっても、すぐに拾うという行動に移せる人はなかなかいません。掃除道具やゴミ袋を常に携帯している訳でもなければ、拾ったゴミの処理にも困ることが多いからです。でも、公園に誰でも自由に使える掃除道具があったらどうでしょう。気がついた人が、気がついた時に、簡単に公園をきれいにすることができます。一方で自治体の視点では、誰でも使える場所に、掃除道具を置いておくことを保安・維持の観点で避けたがります。いたずらされたら?、道具が壊されたら?など保守的になる理由も理解できます。

東京都江戸川区では、公園ボランティアの要望に寄り添って、掃除セットを誰でも使えるように設置する取り組みを行っています。テスト的に導入した公園での効果を見ながら徐々に導入している公園が増えている状態です。行政側が、公園に清掃道具を常設する「だれでもお掃除セット」の取り組みについて、江戸川区役所水とみどりの課の荒金由美さん、菊地孝一さん、秋浜圭太さんにお話をお聞きしました。

だれでもお掃除セットとは?

ホウキ、ちりとり、水やりのじょうろ、ゴミ拾いトング、ゴミ袋をセットにした棚で、公園の一角に設置されています。公園を利用する人が好きな時に使うことができ、集めたゴミは区で回収しているとのこと。

毎朝ラジオ体操が行われている公園、町会活動やボランティア活動が盛んな公園から始まり、現在は区内の31カ所の公園に設置(2022年6月時点)されているそうです。うちの公園にも設置してほしい!という要望もあり、その数はどんどん増えています。

だれでもお掃除セットは、登録ボランティアの方はもちろん、ご近所の方や、遊びにきた親子、公園を利用する保育園の先生たちや、ラジオ体操のあとにみんなで毎朝、など、多くの人に利用されていま

中央森林公園の「だれでもお掃除セット」。
よく使われている様子がホウキからも

す。子どもたちも公園遊びの一環として掃除を楽しんでいます。とにかく日々よく使われている様子が、お話からも、道具からも、よく伝わってきます。

「壊れたり、なくなったりといったことも、時にはありますが、予想していたよりもずっと少ないですね。皆さんよく使ってくださっています」と話してくださいました。

集めたゴミは、ゴミ袋に入れて、棚の下の箱の部分に入れておくことができます。公園の清掃をするシルバー人材センターの皆さんと協力しながら、定期的に分別・回収しているそうです。ゴミの分別方法も、箱のフタの部分に記載されています。

お掃除セットの道具は、ベテランの職員さんのアイデアで改良されているそうで、最近は竹ボウキも追加されたとのこと。

公園利用者にも好評

だれでもお掃除セットが設置されている中央森林公園で、公園にいらっしゃった方にお話をお聞きすると、こんな声がありました。

「今さっきも保育園の先生が使ってたところよ。朝もラジオ体操のあと掃除してる人がいたりね。みんなよく使ってますよ。」

「うちの子も遊びたくてホウキを使ったことがあります。この前、小学生がみんなで思いっきり掃除をしているのを見て、良いな〜と温かい気持ちになりました。」

実際に公園を利用しているご近所の方にも、評判が良いようです。

「地域の庭」として公園をみんなに活用してほしいという思いから

あらかじめ申請や登録をしたボランティアに限らず、公園を利用する誰もが、いつでも気軽に、公園の美化に関われることは素晴らしいことですが、スタートしたきっかけは何だったのでしょうか？

棚の下はゴミ袋の収納スペース。フタがなくならないように紐がついていたり、工夫が随所に光ります

「江戸川区では、身近な公園を、地域の庭として、多くの人にもっと利用してもらいたいと考えており、その取り組みの第一歩です。花のボランティアは多いのですが、清掃についても、もっと地域のいろいろな人に広く関わってもらえたらという思いから、スタートしました」と話してくれました。

江戸川区には、ボランティア制度として個人でも登録できる「アダプト制度」があり、公園でも多くの活動がありますが、花をメインにする人が多く、清掃活動をする人は少ない状況がありました。

一方で、子どもと公園遊びをしているお父さんから、区役所に「公園に落ちているゴミやタバコの吸い殻が気になるから、ゴミを拾いたいのだけど、道具やゴミの処理はどうすれば良いですか？」といった問い合わせもあったそうです。

そんな中で生まれた新たなアプローチが、いろいろな人に気軽に公園の美化に関わってもらうきっかけを作る「だれでもお掃セット」として実現しました。

「誰でもお掃除セット」は公園ボランティアの入口

江戸川区の実例からもわかるように、行政側で心配していた「掃除道具が壊れたり、なくなったりというトラブル」は予想以下で、誰でも掃除できることを前向きに受け止める人が多かったとわかる心強い実証結果になっていました。

このような「誰でもお掃除セット」は、ぜひ他の地域にも広まっていってほしい取り組みです。公園育ての入口になるでしょう。

〈推しの公園だけでなく、花や緑で地域の役に立てたらいいな〉

まちへの参加意識が高まる地域の花づくりボランティア活動（大阪市住吉区）

地域の人に花を通してまちづくりへの参加意識を高める自治体の取り組みが、この大阪市住吉区の「花さかスミちゃんボランティア」です。花さかスミちゃん事業は、現在大阪市の各区で進められている「種から育てる地域の花づくり事業」の住吉区における呼称で、区民の皆さんの手で種から花苗を育て、その花をまちなかの公園、道路、学校、幼稚園、保育所などに植えることで、きれいで暮らしやす

JR阪和線の高架線路横にある住吉区の花づくり広場

いまちづくりを進めるとともに、まちへの愛着を深めながら自主的なまちづくりへの参加意識を高め、住民同士のふれあいやコミュニケーションが活性化し、区民の「健康・いきがいづくり」や「こころの健康づくり」の増進を図ることを目的としています。

大阪市住吉区「花さかスミちゃんボランティア」

大阪市の種から育てる地域の花づくり事業は、2005年からスタートし、区ごとに取り組まれています。住吉区では、2008年に建設局主導でこの場所に花づくり広場の整備が行われ、翌2009年から「花さかスミちゃんボランティア」として本格始動。住吉区のマスコットキャラクター「すみちゃん」を活用したユニークなネーミングで親しみのある事業になっているようです。

花さかスミちゃんボランティア事業は、住吉区役所、長居公園事務所、区民ボランティアが良き連携をしながら活動しています。

花さかスミちゃんボランティアへは、興味がある住吉区民なら誰でも参加できます。花づくりの経験がなくても、1人でもOK。お花好きの方や、退職後の社会活動として参加されている方、公園愛護会の活動と兼任で活動する方もいらっしゃいます。季節を感じ

左から高田さん、安川さん、谷本さん、小山さん。花さかスミちゃんベストが映えます

ながら、地域の花を種から育てる活動は、楽しくやりがいもあり、10年以上続けられている方も多いようです。

花さかスミちゃんボランティアの安川ハツ子さん、谷本千賀代さん、小山耕司さん、髙田文恵さんをはじめメンバーの皆さん、そして住吉区役所地域課の担当職員の皆さん、長居公園事務所の担当職員の皆さんにお話をお聞きしました。

春と秋に1万株の花を種から育てて地域に彩りを

花さかスミちゃんボランティアの皆さんの主な活動は、春と秋の年2回地域に配る花苗を種から育てること。配付先は、小学校や中学校・幼稚園・保育園・郵便局・町会・公園愛護会など約90団体、作る花苗の数はなんと約12000株です。

花の種類は、丈夫で、手入れしやすく、長持ちするもの。学校などでも育てやすく、ラクに長く花を楽しんでもらえるものを選んでいるとのこと。幼稚園や保育園では植え付け作業のレクチャーも行い、子どもたちと一緒に楽しく花を植えていらっしゃるそうです。植え付けをしたら写真を送ってもらうというシステムで、地域からたくさんの写真が届いていました。

活動は、定例の活動日は設けず、時期に応じて必要な作業を行っています。種まきをして、芽がでる時期は毎日のようにお世話をし、水やり当番を組み、育った花を配ったらひと段落というサイクルです。

「生きもの相手みたいなものですから」と笑顔で話してくださったのは、リーダーの安川ハツ子さん。安川さんは、育てる花の種類や数の決定、必要な作業の内容や時期の計画、肥料や資材など必要なものの量の計算や購入希望品のリストアップなど、花さかスミちゃんの活動を主体的に取り仕切っています。

6月配付の春の花の種まきは4月に、11月配付の秋の花の種まきは9月に実施。できるだけ多くの花を地域に届けるため、発芽率を良くし、それぞれがよく育つようたくさんの工夫をされています。年2回配付する花苗育て以外にも、10月末のすみよし区民まつりに向けてコスモスを育てたり、3月には花さかスミちゃんふれあいフェスタを開催し、たくさんの子どもたちや地域の人と交流したりと、活動は盛りだくさん。

区役所と公園事務所との連携で活動をしっかりサポート

現在、花さかスミちゃんボランティアは住吉区の事業ですが、区役所・公園事務所・ボランティアさんの良き連携によってうまく回っているようです。

区役所は、予算の確保と物品の購入・事業の広報やPRをはじめ、ボランティアの募集、花苗提供先との調整など、事務的な部分を担当。花さかスミちゃん事業は、地域の人々の楽しみになっていること、ボランティアさんが長年頑張って活動していることに加えて、花づくりを通して地域活動に気軽に参加できる事業、住民同士のつながりの「場」やきっかけづくりとなる事業として、歴代の担当者から引き継がれています。

公園事務所は、主に技術的な部分を担当。技術指導としてミニ講座を行ったり、土づくりの支援を行っています。また、建設局公園緑化部では、地域の緑化ボランティア活動を推進する大阪市グリーンコーディネーターの育成を行い、公園事務所では、花と緑の相談車「ひふみ号」での講習も行っています。グリーンコーディネーターの講座を受講して専門的な知識を身につけたメンバーが、花さかスミちゃんボランティアでの活動にフィードバックするという流れもできています。

花があることで、まちがきれいになっているという声も届いています。線路沿いでゴミが多かったこの場所も、花づくり広場ができて、お手入れをする人がいつもいることで、周辺の道まできれいになり、治安も良くなりました。花を植えるとゴミも減るから花がほしいという人もいるそうです。

「自分が作った花があちこちで見られると、自分のまちだなあと思えるんです。またいろんな年代の人と作業して知り合いが増える、そうするとまた自分のまちだなあと思えるんですよね。それが嬉しいです」と話してくださった谷本さん。

「家にいるよりここに来たらお話もできるし、ここに来るのが生活の中の楽しみの1つになってます」と話してくださった髙田さん。

自分で育てた花苗をだけに、やはりその後の成長も気になりますよね。そのことで地域とも接点が増えていく素晴らしい取り組みです。

〈友達や近所の仲間とできる範囲で始めてみたい〉

少人数でも個人でもできる花壇づくりと公園ボランティア制度（東京都杉並区）

行政側も、公園ボランティアを始めてもらうハードルを下げる工夫を行っています。これまで見てきたように、公園ボランティア活動を行う理由として最も魅力が高いのが花壇です。そこで東京都杉並区では、公園で花壇の活動をする「花咲かせ隊」という制度を設けました。さらに、花壇の写真集を作ることで、お互いの花壇を比較して楽しめるようにしています。この事例について、杉並区みどり公園課みどりの協働係長西谷淳さんにお話をお聞きしました。

5人集まればＯＫ「花咲かせ隊」と「すぎなみ公園育て組」

杉並区には、複数の公園ボランティアに関する制度があり、多くの人が公園でのボランティア活動に関わっています。その中でも、公園で花壇の活動をするのが「花咲かせ隊」、清掃や植栽の手入れなどを自主的に行うのが「すぎなみ公園育て組」という、名前もユニークな取り組みです。

・「花咲かせ隊」：地域の人が区立公園で主体的に行う花壇づくりなどの緑化活動を区が支援する制度。花の苗・肥料・園芸用品・腕章などを支給・貸与。

・「すぎなみ公園育て組」：地域の人が区立公園で主体的に行う清掃や植栽の手入れなどの活動を区が支援する制度。清掃用具・園芸用具・ビブスや腕章などを支給・貸与。

どちらの制度も、区と協定を締結すれば、活動に必要な物品の支給や貸与を受けることができたり、ボランティア保険への加入ができたりするというもの。

区内に住む人や働く人が5人以上集まれば結成できるというハードルの低さもポイントで、町会はもちろん、ご近所のお友達グループや、ラジオ体操仲間、商店会、ご家族で登録など、いろいろな人が活動しています。

花壇のサイズはどこでも4㎡まで

花咲かせ隊制度のユニークな点はもう1つ、花壇のサイズが4㎡までと決まっていることです。公園のサイズにかかわらず、花壇のサイズは4㎡まで。そして、年3回配付される花苗は、1㎡あたり25株の計算で、1花壇あたり最大100株というもの。

花咲かせ隊の参加申込みをすると、公園のどこに花壇を作るか？ 区役所の人と一緒に現場で相談しながら決めた後、区長と協定を締結します。どんな枠を作る／花壇の枠は作らないなども、公園の環境や花咲かせ隊のメンバーと区役所で相談しながら決めていきます。

そのようにしてできた花壇に、花咲かせ隊の皆さんは、年3回季節ごとに花苗リストの中から最大100株を選んで、それらの花を植え育てていきます。

大きめの公園では、1つの公園に複数の花壇グループが活動するケースもあります。5人で4㎡、メンバーが10人に増えたら2グループに分かれてそれぞれ4㎡、と活動場所を広げていく方々もいるそうです。

季節ごとの花苗のリストは、2000年の制度開始以来、これまでの20年以上のやりとりの中から、

梅里中央公園にある梅中花咲かせ隊さんの花壇

様々な要望を取り入れて多年草なども入ったものになっているそうです。見せていただくと、それぞれの花の色や高さ、特徴、日向／日陰耐性、病害虫情報、主役や準主役・脇役といった使い方のポイントなど、詳しい情報が写真と一緒にコンパクトにまとまっていました。

同じ面積の花壇に、同じリストから花を選んでも、同じ花壇にならないのが面白いところ。この中からどんな花を選んで、どう組み合わせて、どう植えるか？　花の種類の組み合わせやデザインによって、それぞれ個性的な花壇ができるのも、興味深いところです。

個人で登録できる「みどりのボランティア杉並」

5人集まれば活動が始められる「花咲かせ隊」と「すぎなみ公園育て組」の他にも、杉並区には個人で登録できるボランティア制度があります。「みどりのボランティア杉並（通称：みボ杉）」と呼ばれ、名前だけでなく内容もユニークな制度です。

公園ボランティアをやってみたい人の入口や入門編の位置づけで、区役所主導のプログラムに沿って、地域のみどりを守り、増やし、育てていく活動、略して「みボ杉」。

「みボ杉」は、特定の公園での活動ではなく、区内の公園や緑地・いこいの森など、様々な場所で、花壇の管理や野草園の管理、剪定、除草など様々な活動を行いながら、自分にあった活動を見つけることもできます。月5回ほどの活動日は自由参加。行ける日に行けば良いという気軽さも良いようです。退職後、時間にゆとりのできた人が地域のために活動を始めるという方も多いとのこと。

様々な場所でのみどりの管理を学びながら体験する「みボ杉」の登録は2年間。その後はひとり立ちして活動してほしいという願いから、最大でも4年間までとなっているそうです。

区立公園以外の民間の施設や都の公園での活動（認定みどりのボランティア団体）と人材の交流なども行われているようで、様々な人が、様々な方法で、地域のみどりを守っていることがわかります。

このように杉並区では花壇づくりに清掃や緑の管理など、自分に合ったスタイルで、気軽に地域の公園ボランティアに関わることができます。さらに、花壇の写真集も作成しており、活動の成果が1つの形になって記録され、多くの人の目に触れ、横のつながりや仲間づくりにも寄与するサポートも、素敵な取り組みです。

〈続けられるかわからないけど、試してみたい〉
気楽に始めて、気楽にやめられるボランティア制度（長岡京市）

杉並区の事例に続いて、少人数でもやれる始めやすいボランティア制度を紹介します。これから紹介する京都府長岡京市の事例では、「気楽に始めて、気楽にやめられる、自分にできる範囲の社会貢献」

をスローガンにした公園ボランティア制度です。

気楽に始めて気楽にやめられるとは、入口のハードルが低く親しみやすい雰囲気ですが、それはどのように生まれたのか？　そして実際のところ気楽にやめる人はどのくらいいるのか？　長岡京市建設交通部公園緑地課長の鈴木秀治さんと、公益財団法人長岡京市緑の協会事務局長の志水忠弘さんにお話をお聞きしました。

まちの魅力を高める「みどりのサポーター」

公園や緑地・道路の清掃に、花や樹木のお世話などを行う「みどりのサポーター」。2名から登録することができ、登録すると花苗や肥料の支給、スコップなどの道具の貸出が受けられ、ボランティア保険の適用もあります。活動費や報奨金の支給はなく、活動回数の制限などもない、ボランティア制度です。

みどりのサポーターは、2人から80人ほどのグループまであり、それぞれのできる範囲で様々な活動をしています。公園のゴミ拾いや、除草、花壇づくり、植栽の水やり、落ち葉の清掃、樹木の剪定などに加えて、芝はりや芝生の管理、広場の整地、公園の砂場の猫よけネット張り、道路のゴミ拾いや落ち葉清掃、駅前のポイ捨てやガム除去、ゲートボール場の草引きと清掃、落ち葉の堆肥化や花苗づくりをする団体もあります。

「市内の公園の管理は行政だけでは難しいので、市民の皆さんの力が必要です。それは、経費削減といった部分もありますが、それよりも、まちの魅力を高めるという点での価値や効果が大きいと思います」と、みどりのサポーターの存在意義を話してくださった鈴木さん。ご自身もみどりのサポーターとして職場の皆さんと草刈りの活動をされています。

公園の草がぼうぼうで遊べないような状態は残念ですが、サポーターの活動でいつもきれいだと、それはまちの魅力になること。活動をすると、公園もきれいになるけれど、心の中もきれいになって、やりがいもあること。季節の花が咲いていると、通りかかった人も優しい気持ちになる効果があること。様々な価値を教えてくださいました。

気楽にやめられる、自分にできる範囲、という気軽さで市民の1%が担い手に

公園ボランティアに限らず、何かを始める時に、やってみたい気持ちはあっても、大変そうかな?、いつまでできるかな?と見えない不安はつきものですが、「やめてもいいんだよ、自分でできる範囲でいいよ」と始めから言ってもらえると安心感があり、気持ちを後押ししてくれたりもします。

「気楽に始めて、気楽にやめられる、自分にできる範囲の社会貢献」というスローガン。これは、どのようなきっかけで生まれたのでしょうか?

「市の緑の基本計画の策定検討委員会で、みどりのサポーターについて検討がされる中で出てきました。市民に協力してもらうにしても、町内会にお金を配って公園掃除の仕事を増やすというのでは、足かせになるだけ、それでは立ち行かなくなる、という話が委員会の中であったんです。そこからですね」と志水さん。

活動は好きな時に自由に、気負わず。準備はゼロで大丈夫。2人以上で簡単に登録。そのようにして、多くの人が関わっていける仕組みをスタートさせたのが、2004年。そこから20年、市の広報誌で定期的に紹介したり、地元のFMラジオでの紹介や、市内の循環バスでの広告をしたり、少しずつ告知を広げながら、みどりのサポーター登録者は予想以上に増えているとのこと。高齢や病気などで辞められた人はいますが、それよりも増える方が多いそうです。

登録者の9割は高齢者だそうですが、みどりのサポーター活動で元気に体を動かしたり外に出ておしゃべりをしたりして健康寿命を伸ばしていらっしゃる模様。草の伸び過ぎた公園があまりに気になって登録したという人や、地元の商店会、企業、学校、保育園、子どもと一緒に活動する人など、いろいろな人がいらっしゃり、コロナ禍でも登録は増えたそうです。

みどりのサポーターの皆さん（提供：長岡京市）

みどりのサポーターの活動者数は、2024年1月時点で109団体、1308名。これは市の人口の1・6%にあたります。一部の人たちが頑張るだけでなく、こんなにも多くの市民が関わっていることは、とても誇らしいことだと話してくださいました。

制度がスタートして10年経過した頃からは、10年継続して活動するサポーターの表彰も開始しました。今では48団体が10年以上活動しているそうで、それは全団体の4割以上。こちらも予想以上に十分な状況とのこと。

市民も行政も、みんなで楽しみながら、自然に親しみ、緑を守っていこう、そして人々の声を聞いていこうという姿勢が、公園ボランティアの担い手増にもつながっているようです。

2 自治体やボランティア同士のノウハウを共有しやすい連携

〈自治体の担当者との連絡をとりやすくしたい〉
行政担当者とのコミュニケーションツールの提供（茅ヶ崎市）

公園ボランティアと行政担当者のやりとりをスマートフォンで行えるようにすることで、より密に連携を取る取り組みもありました。やりとりの効率化によってできた時間やエネルギーを未来のことや大切なことに配分できます。公園ボランティアと自治体担当者のあり方として前向きです。

スマートフォンで自治体との連携プレーが円滑に

神奈川県茅ヶ崎市では、公園愛護会と行政のやりとりを円滑にするために『PARKFUL Watch《パークフルウォッチ》』というアプリを導入しています。公園情報アプリ『PARKFUL』が提供する公園維持活動のオンライン報告ツールで、公園愛護会などの担い手団体はスマートフォンのアプリから日々の活動を報告や発信し、自

見通しが悪くて危険だからと、写真を投稿して剪定をお願いした公園の一角。まさしく連携プレー！

自分のスマホから、自治体担当者とのやりとりや、活動報告を行うことができる

治体はパソコンから活動を確認できるサービスです。

スマホを使ってどんなコミュニケーションをしているのか、愛護会と自治体担当者それぞれにどんな変化があったのかなど、5章にも登場したスマイルパークこわだ愛護会代表の雫石剛さんと茅ヶ崎市公園緑地課の姫野智博さんにお話を伺いました。

茅ヶ崎市でコミュニケーションツールを導入した理由は、公園愛護会とのコミュニケーションを増やし、愛護会活動を地域の人にもっと知ってもらうためです。

スマイルパークこわだでは、毎月の公園愛護会活動の時に、その日の活動の様子を写真と一緒に投稿。ゴミの回収依頼など市役所への連絡も、このアプリで済みます。市役所からの連絡が来るとメールが届くから、アプリを開いて、確認します。「市役所との連絡が一番便利になりましたね。電話だと不在の時もあるけど、これで送っておけば、見てくれるから。見たら〝確認しました〟のチェックも入るし、安心ですよ。活動中に作業の風景を撮って、公園からそのまま投稿することもあります。家で送る時もあるし、どこでも使えるからね」とおっしゃっていました。

自治体側では、パソコンの画面で市内の愛護会から投稿された活動の様子が見られ、ゴミ回収や剪定依頼などの連絡も写真つきで届くので、外に出ることも多い公園緑地課の業務とうまく並行しながら、効率的に取り組めます。「電話はもちろん必要ですが、ゴミの回収や木の剪定に関しては、写真を送ってもらえると、量や場所などわかりやすくて助かっています。面積の広い公園や木が生い茂っているところだと、電話ではうまく伝わらないこともあるので」と。

たしかに、公園ボランティアと行政担当者とのやりとりは電話になることが多く、行政担当者の方も会議や外出、窓口対応などで、電話で話ができるまでに行き違いになりがちです。このアプリのおかげで、都合の良い時にやりとりができて、写真で場所や状況の説明が済むのはお互いにとってメリットが大きそうです。

登録スタートは、手を上げた団体から

茅ヶ崎市では「PARKFUL Watch」を愛護会全体に案内し、手を上げた愛護会から導入しました。まだ紙がいい、ＩＴで効率化を図った方がいいなど、いろんな人がいるので、どちらかに寄るのではなく、どちらでも選べる体制をとれるように配慮したとのこと。

「紙で写真を貼り付けて、文章を書いて、要望書のような書類にして持ってきてくださる方もいますが、PARKFUL Watchがあれば、アプリ操作だけで、わざわざ市役所に出向いてもらう必要もなくなり、愛護会さんにとっても、手間が省略できると思います。アプリが間に入って、いろいろと事務を簡素化してくれていると感じています。役所内でも、これまでゴミ回収の電話を受けたら地図に落とし込んで

担当職員に伝えて回収していましたが、皆さんが送ってくれた写真とコメントをプリントしてそのまま渡すようになり、効率的になりました」。

効率化できる部分はテクノロジーに頼って、空いた時間とエネルギーを、公園の未来を一緒に考え話し合うことに使えたら、とてもいいですね。

「もっともっと使う人が増えてほしいですね。講習会で実際使っている人の事例紹介をするなど、他の愛護会にも広げていって、いろんな活用の方法を探りたいです。使う人が増えればいろんな意見が出ると思うので、そういった活発な環境がどんどんできていけばいいなと思います」。

現在では、年度末に公園愛護会から提出してもらう活動報告書も、日頃アプリで活動報告をしてきた内容を反映して出力して渡すようにしているそうです。それを各愛護会が確認した上で市に提出してもらえばＯＫ。これで愛護会の報告書作成の作業を軽減できます。このような利点を活かして、このアプリを使ってもらえる愛護会の数を増やせればと考えているとのことでした。

良い公園を育てていくには、愛護会と自治体のコミュニケーションが欠かせず、両者をつなぐコミュニケーションアプリの広まりは今後も期待できそうです。こういったアプリの存在を知らない自治体には、公園ボランティアから導入を勧めてみるのも有効だと思います。

愛護会運営のノウハウや活動を紹介する取り組み（大阪市・横浜市・名古屋市）

〈他の公園ボランティアの情報を知りたい〉

公園愛護会向け情報誌を発行している自治体があります。活動していると、「他の公園ボランティアはどうやって活動しているのだろう？」「こんな時はどうしたらいいのだろう？」など、知りたくなります。情報誌は、自治体から公園ボランティアへの連絡という側面と、他の公園ボランティアの活動情報を知れるという面でも役に立つ存在です。何より、自治体が公園ボランティアの存在を大切に思っていることを確認できる機会になります。

大阪市では大阪市建設局公園緑化部により発行されている「ひふみ」という緑化普及広報誌があります。公園愛護会をはじめ、緑化リーダー、グリーンコーディネーターの活動やイベント情報、地域の公園や区役所などで開催する緑化相談・講習会の案内などの公園にまつわる情報を掲載しています。

特筆すべきなのは、公園愛護会をピックアップして活動を報告している「公園愛護会活動紹介」のコーナー。大阪市で公園ボランティアとの直接のやりとりやグリーンコーディネーターを育成している現場の職員が取材しているそうです。同じ市内で活動している他の団体の方々の様子が見えるのは、お互い励みになります。

同様に横浜市でも、環境創造局公園緑地部公園緑地維持課より公園愛護会通信を年3回ほどの頻度で発行しています。「公園愛護会活動がより活発に行われるように、活動に関する情報提供や、活動の事例紹介などを行うための情報誌です」と謳っているように、公園ボランティアが知りたい実用的なノウハウも紹介されています。発行号によって特集があり、たとえば２０２３年３月では「球根ミックス花壇」を見に行こう！というテーマとなっていて、愛護会からの球根ミックス花壇の写真を募集しています。

名古屋市の緑のまちづくり情報誌「Midori no machi（みどりのまち）」は、様々な緑のまちづくり活動と公園・緑地の魅力などを紹介する情報誌で、名古屋市緑政土木局緑地部緑地利活用課が発行しています。

内容は、公園を１２０％楽しむ方法や、公園のボランティア活動を通じて緑に親しむ楽しさ、寄附や協賛で緑のまちを応援する仕組みなどが紹介されていて、ウェブで誰でも見ることができます。季節の花や自然を楽しむことはもちろん、

大阪市が発行している「ひふみ」2023年4月号の紙面

名古屋市の情報誌「Midori no machi」。全16ページで充実した内容

ＢＢＱやピクニック、イベントの紹介や普段の公園遊びに取り入れられそうなヒントなど、公園のいろいろな楽しみ方や、市内各地で行われているボランティア活動の様子や参加方法、スポンサー花壇や寄付といった応援方法の紹介など、楽しい内容の一冊になっています。

写真の２０２３年2月発行号では、名古屋市の公園や緑地、市民の皆さんの活動とともに、公園愛護会交流会の開催報告の記事の中で、みんなの公園愛護会の取り組みも掲載されました。

今回は３つの自治体を紹介しましたが、愛護会通信を発行している自治体は他にもあります。愛護会通信はインターネットでも公開されているので、他の自治体のものを読んでみるのをおすすめします。全国いたるところに、同じように公園ボランティアをやっている仲間の存在を感じられます。

〈交流できる場がほしい〉

ボランティア同士の交流の場づくり（長岡京市）

先ほど、「気楽に始めて、気楽にやめられる制度」で紹介した長岡京市ですが、長く続けている人が多いのには、やはり秘訣がありました。市内の全サポーターが集まる交流の場を設けて、皆さんの声を聞くことを行っています。

他のグループと交流したいという声から始まった「みどりで笑顔のつどい」は、年に1回、市内の全サポーターが集まる交流の場。そこでは、講演会や、サポーター体験談の発表、そして10年表彰や功労者表彰の式典、川柳コンテストの表彰など、毎年様々な楽しみがあるそうです。その他にも、どんなことをしたいか、毎年アンケートを取って皆さんの声を聞いています。

コロナ禍でつどいの開催を見送った2020年、2021年は、つどいの代わりに「みどりで笑顔のたより」という冊子を発行して、全サポーターに配布したそうです。冊子では、30団体のサポーターの皆さんから近況報告として、写真やコロナ禍での工夫、笑顔のエピソードなどが紹介されている他、緑の協会理事長や市長からのメッセージ、サポーターの全体マップ、10年表彰の団体紹介が掲載されていました。冊子のすべての内容はPDFでも公開されています。

コロナ禍での工夫として、10年表彰の出張表彰についても教えてくださいました。これまではつどいで行っていた表彰を、各団体の活動場所へお祝いメッセージと共にお届けしたというもの。これまでは、代表者だけの参加になっていた表彰も、個別にお届けすることで代表以外のメンバーの皆さんと分かち合え、喜んでもらえる良い機会になり好評だったそうで、その様子はホームページでも紹介されています。

3 市民が公園でやりたい活動を実現するための連携

〈公園でやりたいことを実現するためにサポートしてほしい〉

市民の「やりたい」を3つの制度で支援（東村山市）

東京都東村山市では、市民による公園での積極的な活動を行政がサポートしています。2章で紹介した稲荷公園で活動する大岱稲荷プロジェクトの活動もその1つ。毎月開催の三世代交流イベントに加えて、10月には年1回500人規模の音楽イベント「おいなりサンデー」なども行われており、2023年は過去最高の盛り上がりでした。どのような枠組みで、どのようなサポートが行われているのか、東村山市みどりと公園課課長補佐（公園係長兼務）安部芳久さんとみどりの係係長髙橋亮太さんにお話をお聞きしました。

協定書の締結で活動の幅が拡大

東村山市には、公園・緑地ボランティアという制度があり、ボランティア登録した個人が、公園や緑地などでの清掃や草刈りの活動を行っています。ボランティアはそれぞれのペースで自由に活動し、それに対し市役所からはゴミ袋の提供やゴミの回収、保険の加入や必要に応じて道具の提供などを行うものです。

加えて、一般的な清掃だけでなく、生物多様性の保全や公園を起点とした多世代交流など、積極的な活動をする公園については、公園管理業務に関する協定書を締結し、協定に基づくサポートを行っています。

協定締結により、外来種駆除のための生き物の捕獲や、落ち葉を使った焼き芋など、通常の公園利用の範囲を超えた活動が認められ、市としても責任を持って継続的に支援することができるようになったそうです。2016年からスタートした協定は、現在、熊野公園の再生、北山公園での外来種防除、稲荷公園での三世代交流と3つの公園で締結され、それぞれの公園で積極的な活動が行われています。

北山公園かっぱの会の活動で外来種捕獲のためのカゴ罠を仕掛けている様子

大きなイベントを市との共催にして資金や人員のサポートも

協定を締結する公園では、公園で様々なイベントが行われています。中でも稲荷公園での「おいなりサンデー」や北山公園での「わんぱく夏まつり」など年1回の大きなイベントは、地域住民にとってとても人気の催しとして定着しています。

これまでも市役所の職員ができる範囲のサポートをしてきましたが、みどりの基本計画改定にともない仕組みを整理し、イベントを市との共催とする取り組みがスタート。イベントの共催は、協定のもう一段階上の取り組みとして位置づけられ、「公園・緑地ボランティア」「協定締結」「イベント共催」と3階建てのサポート体制ができました。

共催にすることで、ステージ設営などの費用にみどりの普及啓発に関する補助金が使えるようになったり、市報での告知や運営

小学校の授業の一環として子どもたちと一緒に公園遊具のペンキ塗り

人員として職員の派遣ができるようになったりと、職員が異動や退職をしても継続的にサポートできる体制が整いました。
仕組みの整理にあたっては、ボランティア団体と何度も話し合いを重ね、理解を得ながら進めていったとのこと。結果、ボランティア団体のやりたいことを実現しやすくなり、お金の面でも人員サポートの面でも喜んでもらえています。

コミュニケーションを大事に伴走型で支援

市民が公園に積極的に関わることを、市役所が伴走型で支援する形は、市内でも浸透し始めたようです。先日も、小学校からの相談でみどりと公園課と指定管理者（東村山が業務を委託しているアメニス東村山市立公園グループ）が授業をサポート。子どもたちが考える地域のボランティア活動として公園での遊具のペンキ塗りを協働で行いました。

子どもたちが公園管理に関わることは、その体験自体学びの機会になるだけでなく、その結果が公園の一部として残り続ける良さもあるとのこと。子どもたちが絵を描いたプランターやトイレのタイルが公園にあることで、自分たちの公園として愛着を持ち続けることができるといった具合です。また、いくつかの公園では、かつて活動やイベントに参加した子どもが大きくなってまたボランティアとして帰ってくるといった良い循環も生まれています。

市民と一緒に公園づくりをしていこうという雰囲気や文化は10年前くらいからあり、泥臭い地道な苦労をしながら作ってきたことが、ここで制度として整えられました。ただ、制度だけ作ればうまくいくわけではない難しさもあると言います。理解や協力を得るための説明を重ね、信頼関係を構築しながら、持続可能な形を作っていくための対話は続いています。

市民の「やりたい」を実現する市民が主役の公園づくりは、市民協働と公民連携の体制整備とともに、市民や指定管理者とのコミュニケーションや対話を大事に、進められていました。

〈緑の循環を大切にした公園管理をしたい〉

緑のリサイクルを意識した技術支援講習会（姫路市）

花や植物の育て方に興味がある人にとっては、緑や土の循環にまで関心が広がってくるのは自然なこと。兵庫県姫路市では、植物のリサイクルを意識した技術支援の講習を行っていました。

1972年から公園愛護会制度を運用し、パークマネジメントプランの実践にも力を入れている姫路市では、地域の人たちと共に、公園の緑の育て方を実践的に学ぶ取り組みが行われています。技術支援講習ですが、技術を教えるだけではなく、公園での緑と土の循環を作る取り組みとして、行っているのがユニークです。

講習会の主催は「城の西エリアマネジメント準備会」の皆さん。地域のNPO法人スローソサエティが世話役となって、地域の複数の自治会を横につなげながら、姫路城の西エリアのまちづくりや持続可能な暮らしを考えるイベントなどを行っている方々です。

これまでにも、地元の山に生えている多年草や宿根草・樹木を使った庭づくりを、公民館の中庭で2年間実践されてきた皆さん。今回は外に飛び出して、姫路市役所との協働で、公園の緑を題材に、メンテナンスがラクになる樹木の剪定の基本を学ぶ実習講座。それだけでなく、剪定枝をその場でチップにして公園の土に還す取り組みや、落ち葉を集めるコンポスターの設置実験を行う内容でした。

地元の自治会や愛護会の皆さん、公園のご近所さんや、普段いろんな公園を利用している人、市役所公園部の職員さんなど、30名ほどが集まりました。ファシリテーションは城の西エリアマネジメント準備会の米谷啓和さん、講師は土から庭を考える土の専門家「リビングソイル研究所」の西山雄太さんです。

公民館の中庭で手押し芝刈り機のお手軽さを紹介する西山雄太さんと、体験する姫路市公園部部長の澤田勝也さん

土と循環の専門家に学ぶ、公園での緑の循環の考え方

公園にある大きな樹。木が伸びると落ち葉が増えて苦情が来るからと、バツっとある高さで伐採。そうすると一時は落ち葉がなくなるものの、翌年切ったところから一斉にワサッと生えてきて、木は不恰好な上に、落ち葉も当然落ち、散々になっている様子をよく見かけます。

ケヤキのような樹形の美しさが魅力の木の良さが失われるから、木自体への愛着がなくなり、落ち葉が余計に邪魔モノになるという悪循環。一方で、公園に求めるものの上位にランクインする「日陰」は、大きな木が作ってくれます。

姫路市で使われているコンポスター。素材・形状の改良も検討しているそう。自治体によっては堆肥箱のところも

これを、「育てる」という視点で、切り方を変えるだけで、美しい木が育ち、落ち葉の量やメンテナンスの苦労がちょっと減る、そして木陰によって、公園がより過ごしやすい場所になる可能性があることを語る西山さん。

姫路市の公園の樹木は、3年に1回の頻度で市職員の剪定が入っています。年に2回くらい庭師が木を剪定し、日々のお手入れもある家の庭とは考え方が違うとのこと。

「毎年1〜2回手が入る住宅の庭と同じように手入れするのとは、考え方もさわり方も変えなければならない。剪定という言葉は同じですが、別物としての技術が必要です」と話す西山さん。公園ならではの管理の考え方と手法で、木にも、土や環境にも、人にも優しい循環を作っていこうという作戦です。

公園内での有機物循環を作る「コンポスター」の活用

姫路市では、市役所が公園にコンポスターを支給しています。コンポ

出来立てのチップはふかふか！ 落ち葉もこの上に落ちれば広がらず、そのまま分解されていく

剪定枝をチッパーに投入！ みるみる吸い込まれ、粉砕された木屑がトラックの荷台に溜まっていく

スターには剪定した枝や集めた落ち葉、抜いた草などを入れておくことで、微生物の働きにより発酵・分解して堆肥にしてくれます。

落ち葉を集めて、ビニール袋に入れて回収して、輸送して燃やすコストとエネルギーを考えても、コンポスターを配付して公園内で循環できるのはいい取り組みですね。子どもたちも興味を持ってコンポスターに落ち葉や抜いた草を入れてくれているようです。

剪定枝はチップにしてグラウンドカバーに

この日の技術支援の目玉の1つは、剪定枝のチップ化です。事前に剪定しておいたケヤキの枝や、みんなで剪定した低木の枝を、機械で細かく砕くというもの。その音や時間、作業時に舞うチリがどのくらいなのか？、今後も継続できそうか？をご近所さん含めみんなで見て確かめてみよう！という実験です。

トラックに積まれていた機械が登場し、実験開始！ みんなで見守っていると、山積みになっていた剪定枝が、あっという間にチップになりました。しかもほんの少しの体積に。出来上がったチップは、元のケヤキの木の根元に敷きました。このように根元をグラウンドカバーとしてチップで覆うことで、保水効果がある上に、雑草対策、落ち葉の散乱も防げるなど、様々なメリットがあり、良いことづくめ！

ポイントは狭い範囲に厚めに敷くこと。雑草のタネが入っていそうな時はしばらく置いてから使うと良いそう。木の幹が多いと分解が遅くなり、葉が多いと分解発酵が早いんだとか。キノコが生えてきたり、カブトムシやクワガタの幼虫が育ったりと面白い展開もあるようです。

最後に輪になって今日の感想が話されました。参加した方からは「新しい形の庭ができた。手入れの行き届いたマイガーデンができたようで嬉しい」「枝や葉をゴミにせず、まさにSDGsだと思った」「みんなで楽しみながらできた。こういう公園がモデルとして市内でも増えていったら良いと思う」そんな声が上がっていました。

姫路市の担当者からは、「今回の山野井公園では、先進的かつ活動的な取り組みを地域の皆さんとともに体験できました。今後は、市内の各地域でもいろいろな活動が生まれるよう取り組んでいきます」とのコメントがありました。

行政の方、地域の担い手をつなぐNPO、公園ボランティア、そして緑の専門家が一堂に会して、自然や環境に優しく、運営もしやすい公園管理の取り組みは先進的で頼もしい事例です。

〈公園に地域の居場所を作りたい〉
みんなの居場所を作れるコミュニティパーク事業（福岡市）

下月隈中央公園パークハウス。公園と合わせて誰でも自由に利用できます

地域の公園の積極的な利活用を応援する制度を使って、公園内に地域の多世代の憩いの場所を作って活用している事例もあります。

福岡市のコミュニティパーク事業

福岡市では、公園をとりまく様々な課題解決に向け、地域による公園の利用ルールづくりと自律的な管理運営によって、地域にとって使いやすく魅力的な公園づくりと地域コミュニティの活性化を目指すため、希望する地域でコミュニティパーク事業が行われています。

公園が画一的なルールで使いづらいという声や、公園をもっと有効に活用したいという地域からの多くの声を受けて、身近な公園において、地域が主体となった利用ルールづくりや公園の管理運営を進めることで、公園の利活用を促進するとともに、地域の課題解決にもつなげようと、2017年からコミュニティパーク事業がスタートしました。

地域でワークショップを行い、その公園独自のルールを決めることで、花火やボール遊びなどの具体的なやり方を定めたり、コンサートやバーベキューなど住民主体の地域イベントを行ったり、花壇やベンチの設置をするなど、公園の活用の幅が広がっています。

また、1年以上コミュニティパーク事業による公園の適切な管理運営

左から、永瀬枯緑さん、秋山勇司さん、山下健児さん、諸藤美由紀さん。笑顔がステキな皆さん

が行われ、さらなる公園の活用を希望する場合、一定の要件を満たせば、パークハウス（地域が作る、魅力的な公園づくりと地域コミュニティの活性化を目的とした建物）の設置が特別に認められるという点もユニークです。

これまで7公園で実施され、それぞれの公園で様々な取り組みが行われているとのこと。コミュニティパーク事業の詳細な情報は「福岡市コミュニティパーク事業の手引き」として公開されています。

その中からコミュニティパーク事業の第1号公園として主体的に取り組まれている下月隈《しもつきぐま》中央公園の皆さんにお話を聞きました。

自治会ができて50年、公園はいつも地域の真ん中に

福岡市博多区の下月隈中央公園は、福岡空港から車で約10分、博多の森として親しまれる東平尾公園にもほど近い住宅地の中にある街区公園です。この辺りは1970年代に開発された住宅地で、公園内にはボール遊びもできる広場や、テーブルといすもある大きな藤棚、かめの遊具などがある他、コミュニティパーク事業で建てられたパークハウスもあり、明るくゆったりとした雰囲気です。

草刈りイベントが行われた10月の活動日にお伺いし、下月隈団地自治会会長の山下健児さん、1区会長の永瀬枯緑さん、2区会長の諸藤

美由紀さん、事務局長の秋山勇司さんにお話を聞きました。

下月隈団地自治会ができてちょうど50周年、最初の頃に住み始めた方々は70代、80代、90代を迎えられ、新たな世代も少しずつ入ってきているというこの地域では、下月隈中央公園は、いつも地域の活動の中心にあったと言います。

住宅地とともに1976年に整備された公園は、大きな広場が主役。かつては、町内だけで500人の小学生がいたという時代もあり、公園はいつも子どもたちの遊び場として賑わい、昔は運動会も、夏祭りも、餅つきも行われていたそうです。かめをモチーフにした遊具が特徴的なので、地元では「かめ公園」と親しまれているとのこと。

現在も、毎朝ラジオ体操で50人ほどの人たちが町内から集まり、午前中はグランドゴルフが行われたり、小さな子がのんびり遊び、午後は自転車で遊びに来た小学生で賑わうなど、小さな子どもからお年寄りまで多くの世代に愛されている公園です。

この日も、30人ほどの方が集まり、公園内や周辺の草刈りが行われていました。草刈り機を活用して草を刈る人、ハサミで刈り込む人、刈った草を集める人、袋に詰める人、絶妙のチームワークで、テキパキと作業を進めていらっしゃいました。

公園愛護会は、老人会が担当されていますが、5月から10月は町内にも声をかけて各組から皆さんが順番に参加されるようにもなっているんだとか。皆さんの手際の良さで、公園はあっという間にスッキリし、袋の大きな山ができていました。

作業のあとは、コーヒーと焼きそばが配られ、おしゃべりとリラックスの時間。パークハウスが上手に活用されています。

住民たちで相談して公園のルール決め

この下月隈中央公園がコミュニティパーク事業に参加した目的は、みんなで使えるパークハウスを建てること。かつて公園内には老人いこいの家があったそうですが、地域の公民館のリニューアルにともない、そちらに併設されることに。元々コミュニティ活動が活発なこの地域では、集会所の他にも、みんなで集まれる場所がほしい！と考え、コミュニティパーク事業に参加し、パークハウス建設を目指すことになったという経緯を教えてくださいました。

コミュニティパーク事業に参加するにあたり、自治会の他、公園愛護会活動を担う老人クラブ、地域のボランティア団体で運営委員会を結成し、定期的に集まって話し合い、市から派遣されたアドバイザーのサポートも受けながら、公園のルールや管理運営体制を検討しました。

そうやって、音に関するルールや火気の利用、ボール遊び、ペットの散歩のルールなどを決め、地域に配布し、公園の入口に看板を設置しました。下月隈中央公園での地域ルールは、たとえば以下のようなものがあります。

・夜21時～朝8時は静かに公園を利用すること
・公園内は禁煙
・花火は保護者同伴とする。ただし打ち上げ花火は禁止

・バーベキューやたき火は禁止
・飲酒禁止
・犬の散歩の際には、リードを放さないこと
・犬のフンが散見される場合は、「犬の散歩禁止」のルールを新たに加えるものとする　など（一部抜粋）

これらは住民の話し合いから生まれた地域独自のルールですが、利用の状況や必要に応じて変更していくことも視野に入れながら、運用されています。

また、看板に記載されているルールの他にも、グランドゴルフは11時までに終了しそのあとは子どもたちに開放するなど、利用者同士がお互いを思いやる暗黙の申し合わせのようなものもあるとのこと。危険がないよう、みんなが気持ち良く公園を使えるように、様々な配慮がされています。

パークハウスを建設

パークハウスは、魅力的な公園づくりと地域コミュニティの活性化を目的とした公園施設で、誰もがいつでも自由に使え、デッキを設けるなどして公園と一体的に活用する施設です。コミュニティパーク事業の協定締結後、運営委員会として適切な管理運営を1年以上継続するなど一定の要件を満たせば、パークハウス建設の検討をすることができます。

パークハウス建設に関する詳細の情報は、パークハウスガイドラインとして公開されています。

下月隈中央公園でも、数々の協議や審査を経て、パークハウスが建設されました。建設費用1600万円のうち、半額は補助金、残りの半額は自治会の積立金を活用する形で捻出。新たに住民か

ら費用を集めるのではなく、地域の汚水処理に関する長年の積立金が自治会にあったので、それをパークハウス建設に活用し、かつて支払っていた人たちにも目にみえる形で還元し残せるようにと議論がなされたことを、当時を振り返って教えてくれました。

2019年5月に完成した下月隈中央公園パークハウスは、年末年始以外は毎日オープン。朝9時30分から夕方17時まで、公園と合わせて誰でも自由に利用できます。公園を眺めながらひと休みしたり、暑さ寒さをしのげる場所としても便利で、清潔なトイレも利用でき、急な雨でもさっと入れる場所があるのは安心です。

パークハウスの中でお話を伺いました

老人いこいの家は地域の高齢者のための施設でしたが、パークハウスになったことで、住まいや年齢を問わず誰もが自由に利用できる場所となり、利用者の幅が広がって、より開かれた場所になりました。

地域カフェで公園に生まれた賑わいと交流

パークハウスの運営は、主に自治会の皆さんで行い、地域の人たちがボランティアで日替わり管理人をされています。2022年5月からは、地域カフェもスタート。100円でコーヒーを楽しめるようになりました。カフェのおかげで、来ればいつも誰かがいる場所として賑わい、パークハウスは「コーヒーハウス」という呼び名で親しまれ、これまで公園に来ることのなかったご近所の人たちも公園に足を運ぶようになったそうです。

一人暮らしの高齢男性たちにとっても、公園にコーヒーを飲みにくることが、外に出て人とおしゃべりをする良い機会になっています。先に来た人が、ご近所の仲間に「コーヒー飲みにこんね」と誘いの電話をかけ、続々と集まってくることも。中には常連さんもいます。

グランドゴルフのメンバーは午前中週3回の活動後に、パークハウスでのコーヒータイムが定番に。活動前には公園掃除をして、グランドゴルフを楽しみ、終わったあとはコーヒーを飲みながらワイワイおしゃべり。まさに公園を自分たちの場所として満喫されています。

女性たちの間で最近流行っているのは、折り紙です。折り紙でいろいろな作品を作っては、みんなに配ったり飾ったり。パークハウス内にもあちこちに折り紙の作品がおいてありました。折り紙の他にも、得意な人や詳しい人が先生になって、次々といろいろな楽しみが生まれています。

「認知症予防や健康のためにも、外に出て人とおしゃべりすることは大切なんですよね」と話してくださった皆さん。より多くの人がパークハウスに訪れるきっかけを作ろうと、毎月発行している自治会だよりにコーヒーサービス券をつけたことも。

パークハウスがあることで、いつも公園に人がいる状態になり、公園を利用する様々な人と良いコミュニケーションが取れています。

公園に遊びにくる子どもたちとも仲良く会話をしています。子どもを遊びに行かせる親の視点からも、公園に地域の大人がいつもいて見守ってくれていることは心強いです。

先日も花火をしようとした中学生を見つけたので、気をつけてやることと後片付けについて優しく声をかけたところ、翌朝にはゴミ1つないくらいきれいに片付けてあって嬉しかったというエピソードを教えてもらいました。

コミュニティパーク事業の1つの結果として、公園にパークハウスがあるから、人が集まり、会話が生まれ、地域の温かい交流ができています。

自治体の担当者と公園ボランティアはパートナー

自治体と公園ボランティアの連携で実現している課題解決の事例を紹介してきました。これ以外にも、全国各地でまだまだ多くの連携プレーが行われています。

どの事例にも、「公園を育ててくれる人たちが増えるために自治体にはどんなことができるのか？」「気持ち良く活動してもらうために自治体ができることは何か？」という自治体担当者の想いがあります。

自治体は公平性を求められるため、個別ボランティアを特別扱いできないという事情があるものの、機会を平等にすることで、やる気のある公園ボランティアには機会を利用してより活躍してほしいと考えています。自治体の担当者は公園ボランティアのパートナーです。一緒に、活動がより楽しく地域のためになる方法を考え、実践していきましょう。

EPILOGUE

公園「で」遊ぶから、公園「を」育てる時代へ

非営利型一般社団法人みんなの公園愛護会を立ち上げたのが、2020年6月です。コロナ禍で自宅テレワークと近所を散歩する日々。この時期に多くのことがリセットされ、何が大事なのかを考えた人は多かったのではないでしょうか。その中で公園というパブリックスペースの価値と、その公園を支えてくださっている方へ湧き上がってきた感謝の念から「みんなの公園愛護会」は生まれました。

コロナ禍で生まれた大きな価値観の変化があります。家に籠らなければならない環境で、料理をしたり、植物を育てたり、インテリアを工夫したりと、私たちはそれぞれが生活の潤いとなる行動を始めました。そのことで、作ったり育てたりする活動こそが、最大の楽しみだということを多くの人が発見したようです。そして再び人と会える今、自分が作ったものや料理、場所で交流することの喜びもそこに加わりました。

プロデューサー（生産者）とコンシューマー（消費者）を合わせた「プロシューマー」という言葉があるように、消費者が生産活動をともなう活動はかなり定着してきました。我々はコロナ禍を経て、消費するだけでは満足できず、生産に関与し、発信していく方が何倍も面白いことに気がついてしまいまし

た。「推し」という言葉が一般化した時期とも重なります。公園という公共空間も、ただ活用するよりも、育てる方が何倍も面白い時代が訪れているのだと思います。

ボランティアというと、誰かのために、社会のために身を粉にして尽くすというニュアンスがまだあります。しかし、公園ボランティアは、もはや公園を育てる活動自体が楽しみであり、それでいて社会の役にも立っているという新しい「趣味」になっています。ボランティアだからこそ、誰かに決められたことをするのではなく、「公園をどう育てたいのか?」「仲間とどう活動していきたいのか?」という欲求を大事にして活動していいはずです。それが多様な公園のあり方につながっています。

この本では、公園ボランティア＝推しの公園育ての事例をできる限り多く紹介しました。公園ボランティアの皆さんの姿を伝えることが、一番説得力があると思ったからです。公園を育てる可能性はまだまだあります。これからも先進的な取り組みが増えていくことでしょう。我々「みんなの公園愛護会」でも皆さんの活動事例を伝え、運営のコツや行政との橋渡しをすることで、公園ボランティアのサポートをしていきます。近いうちに「趣味は公園推しです。一緒に推しませんか?」という会話が当たり前に語られる日が来るように。

この本は、学芸出版社の岩切江津子さんによる企画立案、井口夏実さんによる編集執筆伴走、森國洋行さんに整えていただき生み出すことができました。公園で使う道具やメンテナンス手法に関して専門的なアドバイスをいただいた植栽デザイナー／ガーデナーの平工詠子さん、イラストや図版を描いていただいた江村康子さん、そして表紙を含めてデザインをしていただいた加藤賢策さん、皆さんの専門力に助けられました。また、みんなの公園愛護会で一緒に活動している深澤幸郎・一言太郎・高村南美、各地域のレポーターの仲間の日々の尽力に感謝しています。最後に、全国の公園ボランティアの皆さん、そしてボランティアの活動を支える自治体職員の方々のおかげです。あらためて感謝いたします。

みんなの公園愛護会では、これからも公園を支えるボランティア活動をされている皆さんの活動事例をウェブサイトで紹介していきます。記事を更新したときのお知らせなど、ＬＩＮＥ公式アカウントで発信していきます。ぜひ、みんなの公園愛護会を友だち追加してください。

LINE公式アカウント
みんなの公園愛護会

地域の小さな公園が、公園ボランティアの皆さんの活動によってすくすく育ち進化し、次の世代へバトンをつなげていく姿を思い描きながら。

みんなの公園愛護会　理事　跡部徹

一般社団法人みんなの公園愛護会

地域の小さな公園を支える公園愛護会や公園ボランティアをサポートするための団体として、2020 年に設立。全国自治体および全国の公園ボランティアへのアンケート調査を定期的に実施。また公園ボランティアの活動を取材することで、現場での課題や工夫、活動の醍醐味を伝え、ノウハウやヒントになる情報発信を行うとともに、公園ボランティアに関する定量・定性両面の情報をもとに、国土交通省の検討会、公園運営者や自治体への勉強会などで公園ボランティアの実情と可能性を伝えている。https://park-friends.org/

椛田里佳（かばた りか）

子どもの頃から公園好き。母になってからは、子どもたちの声であふれていた近所の公園に、仲間同士で公園愛護会を作りました。もっと楽しく明るく居心地の良いみんなの公園になるよう、ゆるやかに実験中。大手上場企業を経験した後、デザイン事務所の上海支社設立や、社会人向けスクール「自由大学」の学長を経て、子どもたちと家族中心の暮らしにシフト。夫を難病で亡くし、公園に関わる仕事に。福岡市緑の基本計画検討委員会委員。京都大学農学部卒、名古屋市生まれ、鎌倉在住。

跡部徹（あとべ とおる）

自宅は公園の前。住民運動でできた公園のため「自分たちの公園感」が強く、お世話しながら遊び尽くす喜びに目覚めた一人。公園にはまだまだ伸び代がある！ 株式会社空気読み代表・メディアコンセプター。手書き地図推進委員会研究員（2020 年 GOOD DESIGN 賞受賞）。一卵性双生男児の父。著書に『「空気読み」企画術』『前に進む力』『地元を再発見する！ 手書き地図のつくり方』『Q ＆ A で地域を再発見！ 手書き地図の教科書』など。東北大学経済学部卒、仙台市生まれ、東京在住。

推しの公園を育てる！
公園ボランティアで楽しむ地域の庭づくり

2024年5月1日 第1版第1刷発行

著者　一般社団法人みんなの公園愛護会
　　　椛田里佳・跡部徹

発行者　井口夏実
発行所　株式会社 学芸出版社
〒600-8216
京都市下京区木津屋橋通西洞院東入
電話 075-343-0811
http://www.gakugei-pub.jp/
E-mail info@gakugei-pub.jp
編集　岩切江津子・井口夏実・森國洋行

DTP　梁川智子
挿画　江村康子
写真　公園ボランティアの皆さま・みんなの公園愛護会
装丁　加藤賢策・田中なつみ（LABORATORIES）
印刷・製本　シナノパブリッシングプレス

Printed in Japan　ISBN978-4-7615-2888-1